EL HOMBRE SOCIAL:

EN BUSCA DE LA IDENTIDAD PERDIDA

Vicente Jesús Prada Gómez

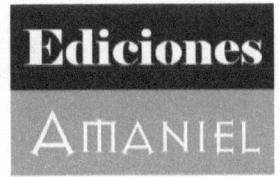

El hombre social: En busca de la identidad perdida

Primera Edición 2017

© Vicente Jesús Prada Gómez 2017

© Ediciones Amaniel.
http://www.edicionesamaniel.com
info@edicionesamaniel.com
C/Dr. Fleming Nº 50, 4ºD
28036 Madrid
Teléfono: 34 91 345 38 17
Fax: 34 91 350 80 54

ISBN-13: 978-84-941566-7-0

Depósito Legal: M-6303-2017

Reservados todos los derechos. Esta publicación no puede ser reproducida, ni en todo, ni en parte, ni registrada en o trasmitida por un sistema de recuperación de información, de ninguna forma ni por ningún medio, sea mecánico, fotoquímico, electrónico, magnético o por fotocopia, o cualquier otro sin el permiso previo por escrito de los titulares del copyright.

EL HOMBRE SOCIAL:

EN BUSCA DE LA IDENTIDAD PERDIDA

Vicente Jesús Prada Gómez

Incluye Anexo: "Cómo piensa la mujer"

PRÓLOGO

Este ensayo viene a poner de manifiesto el comportamiento humano, según se trate de su posición como individuo o como sujeto social, ya que, si de actitudes y comportamientos del hombre se trata, incluye implicaciones de índole política, económica, social, hasta emocional.

Un ensayo que analiza la mirada del hombre ante su imagen proyectada sobre el espejo, es decir, posee un marcado carácter intimista, donde un pensamiento lleva a otro en una cascada de palabras y expresiones en constante libertad, que desnuda el alma humana ante ideas acerca del amor, el odio, la verdad, la mentira, la mujer, los celos, la envidia, la justicia.

La moda es la dictadura de lo efímero. Toda dialéctica es empecinada, se repite vanamente hasta el final y choca contra el pensamiento instaurado tal y como lo definió Maquiavelo: "nada más difícil de emprender ni más peligroso que conducir que tomar la iniciativa en la introducción de un nuevo orden de cosas, porque la innovación tropieza con la hostilidad de aquellos a quienes sonrió la situación anterior y sólo encuentra tibios defensores en quienes esperaban beneficios de la nueva".

Por tanto, éxito y fracaso están relativizados por el momento en que suceden; se producen, se construyen, se viven y luego... hay que continuar caminando.

De nada sirve —o de muy poco— felicitarse por los éxitos pasados o lamentarse estérilmente por los fracasos sufridos.

Este fenómeno se puede transformar. Quiero decir que nuestra manera de pensar es por ahora y hasta que no se demuestre lo contrario, lo único que estamos en condiciones de arriesgar.

Conceptos todos que excelsos pensadores y escritores

ya han puesto de manifiesto sobre el tapete con mayor o menor fortuna. No obstante, insisto, forman parte de la esencia del ser humano, y en muchas ocasiones se presentan como un signo o un síntoma que hay que interpretar.

La grandeza no es de los que más saben, sino de aquellos que en cada situación concreta toman las decisiones que corresponden, las más consecuentes, las más equilibradas. En ocasiones, cuando parece que no existen soluciones es cuando surgen propuestas más válidas. A veces, en la pérdida está la ganancia. Y la propuesta puede ser comenzar desde cero.

Un hombre que cae y se levanta no es un fracasado, ni siquiera un perdedor. "Me tocó padecer y luchar, amar y cantar; me tocaron en el reparto del mundo, el triunfo y la derrota, probé el gusto del pan y de la sangre. ¿Qué más quiere el poeta?" dejó escrito Pablo Neruda.

Si los proyectos fallan hay que ser creativo. Y hay que serlo en todo momento y lugar. Si llevamos el razona-miento hasta el límite, el razonamiento está fallando. Históricamente, la sociedad ha venido amparando el fracaso y envidiando el éxito, por tanto, no es una sociedad de abundancia, sino de opulencia. Sobrepasamos "el estado de bienestar", para adentrarnos en la avaricia de la abundancia desmedida; y por momentos la urgencia es un gran aliado de la determinación.

Lo inmoral puede estar revestido de un manto de sospecha ya que el valor decisivo de un acto reside en lo que tiene de no intencionado, dado que toda intencionalidad es un saber consciente (ver, oír...) senti-mientos que engañan que forman parte de la piel, y como todo lo epidérmico algo revela, pero esconde mucho más.

Por tanto, la intencionalidad es un signo, un síntoma de algo que hay que interpretar. Y no sólo un signo, sino un senti-miento, que genera desconfianza en tanto en cuanto plantea la cuestión de si no se tratará de una seducción con ánimo de desorientar, entendiendo por tal puro egoísmo. Así pues, seamos cautos en nuestras apreciaciones; esas sensaciones ocultas bajo el manto de la luz.

"El hecho de que un juicio sea falso no significa una objeción contra él" afirmó Nietzsche. Contribuye o para ser más exacto favorece la vida. Renunciar a los juicios falsos es negar la vida y aceptar la negación de la verdad es la condición de que la vida tiene significado, conceptos que chocan frontalmente contra los valores al uso y ponen la cuestión en un campo más allá del bien y del mal.

Así pues, nos adentramos en el terreno del espíritu libre, donde también hay fanáticos puritanos de la conciencia que prefieren dormir sobre el lecho de una nada segura antes que hacerlo sobre una realidad incierta.

El espíritu libre tiene que ser ante todo, un hombre fiel a sí mismo. Piensa, cree, y por tanto, ama su verdad, sin caer en dogmatismos ni en proselitismos. Rechaza una verdad para todos, y se mueve en una voluntad libre —cabría decir fuerte— es decir, se encadena a lo que quiere, con determinación y, al mismo tiempo, su verdad no tiene que ser la de los demás.

La denomino voluntad fuerte en tanto es una voluntad de no saber, de estar instalado en la incertidumbre, en la puesta constante en duda de lo que le rodea —nunca es lo que parece, nuestros sentidos nos engañan una y otra vez— y "esa negación no es su antítesis sino… su refinamiento" como escribió Nietzsche.

La libertad de espíritu —potencia del intelecto— como la denominó Ortega y Gasset se mide por la capacidad de disociar ideas tradicionalmente inseparables, donde el talento juega un papel crucial y la observación del pretérito no nos dirá lo que tenemos que hacer pero sí lo que debemos evitar.

A veces el texto desaparece bajo las interpretaciones. Un ejemplo: el hombre medio. Para Nietzsche es necesario que todo filósofo dedique un capítulo de su obra a él. Para ello hay que echar mano de los denominados cínicos, esto es "a quienes reconocen sencillamente lo que tiene de animalidad, de vulgaridad, de regla, disponiendo así del grado de espiritualidad y de ansía para sentirse obligados a hablar de ellos y de sus iguales en presencia de testigos; a veces llegan incluso a revolcarse entre libros como en su propio excremento". Por eso que las posteridades entienden alguna vez erróneamente el pasado.

Para Ortega y Gasset el hombre medio es el "hombre masa". Ese ser en el que anida una tenebrosa dualidad de prepotencia e inseguridad. Vive un tiempo de ideales claros y firmes, donde se siente capaz de realización pero no sabe que realizar; domina todas las cosas pero no es dueño de ellas. Con más medios que nunca, con unos avances tecnológicos y científicos como antes no había habido, se siente más desdichado que nunca: sencillamente va a la deriva.

Cuando lo verdaderamente interesante de la cuestión es la posibilidad de sorprendernos —no saber lo que va a pasar mañana— de extrañarnos por lo que acontece, por lo que nos rodea, como una oportunidad de comenzar a entender... que hace imperar un silencio, mayor que el silencio nocturno, que aterra el alma del hombre medio, en vez de iluminar su corazón para oír la germinación del futuro.

¿O ese hombre presente, se va a comportar como el niño que quiere una cosa, pero no sus consecuencias?

Es un hombre cuya impresión de sí mismo en la época presente le hace sentirse más que sus predecesores y, a la par, se siente parte de un comienzo. Superior a los anteriores e inferior a sí mismo. Fuerte de su destino y, a la vez, inseguro, orgulloso de sus fuerzas y, a la vez temiéndolas.

Estoy pues, llegando a una encrucijada que no por dificultosa resulta altamente reveladora: el hombre ha olvidado los pilares sobre los que se asienta su identidad histórica y, por tanto, tiene una falla en su nivel cultural. Debe hacer renacer para el alma humana su nobleza, palabra cuyo sentido etimológico es esencialmente dinámico.

EL ARTE DE VIVIR

INTRODUCIÓN

Hasta aquí una propuesta, un comienzo, una posibilidad para empezar a hablar del hombre. La historia como el campo se nutre de los valles y no de las cimas, de la altitud media social y no de las eminencias. Como diría Nietzsche "todo pastor necesita además un carnero para guiar al rebaño...a menos que haga él de carnero". El hombre como no puede abrazar a toda la humanidad, a veces abraza a uno cualquiera por amor a la humanidad y, eso precisamente no se lo puede contar a ése que abraza. Es el porvenir el que debe de prevalecer sobre el presente y de él recibimos los signos para nuestra conducta frente a cuanto fue.

La retórica es el cementerio de las realidades humanas; a la realidad sobrevive su nombre, que aun siendo sólo palabra, conserva siempre algo de su poder mágico.

El hombre nace en el seno de la familia que, desde el principio le inculca el término obedecer; una necesidad innata que le incita a cumplir con lo establecido —aunque él ignore esto último— y una especie de "conciencia formal" que ordena su cumplimiento. Y su armazón intelectual se va construyendo de esa premisa donde más adelante no sólo le impone el seno familiar, sino también la escuela, las leyes, los prejuicios sociales y las opiniones público-sociales.

Por tanto, este hombre del que hablo, alaba como virtudes genuinamente humanas todas esas características que le conforman como un ser dócil, conciliador y útil al rebaño o como califica Ortega y Gasset "masa". Descubre como espíritu comunitario la benevolencia, la consideración de los demás, la moderación, la indulgencia o la compasión. Concibe la felicidad en términos de descanso, de tranquilidad, de sosiego, de placer, es decir, se sume en el océano del autoengaño. Está escrito: "la felicidad está en el camino del trabajo" (José Martí).

Entonces aparecen seres prodigiosamente incomprensibles e inimaginarios, enigmáticos, que seducen con las más bellas manifestaciones de que otro hombre es posible. Un ejemplo es William Shakespeare cuya obra para aquel que la haya leído con la mirada del alma, está llena de contradicciones y de contrastes entre el bien y el mal, el desgarro y el equilibrio, el amor y el odio, la muerte y la vida, donde forma una unidad compuesta por elementos diversos y divergentes que en lugar de excluirse se complementan.

Al igual que otros autores de su época y más tarde Molière fue un educador de la sensibilidad del público, donde en austeros escenarios, predominaba la creatividad de sus personajes —tan humanamente complejos— la riqueza de sus diálogos, los argumentos tan exquisitamente trabajados —sobre las cuestiones cotidianas del hombre— la avaricia, la envidia, el amor, el odio…

Esta súbita aparición de seres con instintos más elevados e intensos, que impulsan al individuo más allá y por encima del término medio, siembra el miedo en la masa; es más, en algunos casos la hace saltar en pedazos. Alguien dispuesto a intranquilizar las almas suscitará una desconfianza febril en el "carnero" acostumbrado a la benevolencia que provoca la partitura de unas notas musicales —melodía— que transporta a la dulzura del sometimiento y el placer.

El hombre desea que llegue ese día en el que no haya nada que temer. Craso error; si algo necesita el hombre es de límites, que estructuren su convivencia en sociedad. Y necesita de hombres que eleven el intelecto y construyan una educación eficiente, rica en matices, tolerante en sus argumentos; que sitúe al mismo en el lugar que le corresponde para que la historia no se repita una y otra vez, que aumente su sabiduría y aleje la borrasca pesada que representa la degeneración global del hombre, del cielo de nuestras vidas.

Cuando hablamos de intelecto, es una expresión del orden de civilización. Los poblados nómadas de las altas cumbres bolivianas desde tiempos inmemoriales viven en consonancia con la Naturaleza —integrados en la misma— con la inteligencia de reconocer que su vida es con otros, en ese intento —que en muchas ocasiones lo logran— de pensar al otro fuera de sí, sin violencia, sin locura, donde la vida es el viaje, no el destino. O como mejor escribe el poeta Luis Cernuda:

"¿Qué puede el hombre contra la locura de todos?

Y sin volver los ojos/ ni presentir el futuro

Saliste al mundo extraño desde tu tierra/ en secreto ya extraña".

Por tanto, en la propia teoría encontramos la respuesta. La vida no elige su mundo, sino que es el mundo el que integra nuestra vida. Y además pone un condicionante brutal: la vida no tiene sólo una trayectoria, sino varias; así pues, nos fuerza a elegir. Ortega y Gasset lo definió con precisión: "vivir es sentirse fatalmente forzado a ejercitar la libertad"; incluso hasta cuando no queremos decidir nada, hemos decidido no decidir.

Al hombre contemporáneo se le han dado instrumentos suficientes para vivir la vida con intensidad, se le ha inoculado el orgullo y el poder de los medios actuales; pero no el espíritu y la sensibilidad de la tradición histórica, como si se hubiera borrado de su conciencia de dónde viene; de tal modo que lo que ahora existe siempre fue.

Cuando el hombre siente que su alma se diluye, se

vacía, recurre a la religión, a Dios en su máxima expresión. Por contra, cuando esa alma está llena de conceptos y conocimientos, se encuentra plena y vive la vida. Arrastramos desde milenios, la idea de queja, sufrimiento en esta vida terrenal con la promesa —después de la muerte— del premio de otra vida en paz, sosiego y felicidad en otra dimensión.

Mientras tanto, aquí, en este mundo que nos toca vivir, el hombre es materia, fragmento, basura, absurdo, caos y también es escultor, creador de las obras más portentosas. Capaz de inventar la bomba atómica y capaz de crear los inventos tecnológicos más avanzados para hacer la vida más cómoda. Es demonio y es dios, ambos están dentro de él y esa es la antítesis donde se debate su existencia.

Schopenhauer planteó como cuestión fundamental el problema terrible de la crisis y el despertar religiosos: "¿Cómo es posible la negación de la voluntad? ¿Cómo es posible que se dé el santo? ¿La creación de imágenes, símbolos, dogmas, no responde, quizás, a una falta de espíritu en el hombre?" Una necesidad de descargar nuestros afectos —amor, odio, envidia, celos, alegría, frustración— sobre "alguien" que esté fuera de nosotros mismos, sólo para poder seguir caminando. Alguien a quien santificar por los logros conseguidos y demonizar por las desgracias.

Para Kant el hombre tiene una existencia aparente dado que partiendo del sujeto, no se puede demostrar ni el sujeto ni el complemento. Durante siglos se creyó que el "Yo" era lo determinante y el "Pienso" lo condicionado. Más tarde se planteó que si lo correcto no sería justo lo contrario: "Pienso" lo determinante y "Yo" lo condicionado. Como afirmó Einstein "frente a su incapacidad de registrar las transformaciones que se producen a una velocidad tal que son imposibles de ser capturadas por el sujeto, fantasea la destrucción". Es el miedo a la verdad lo que hace que el hombre la niegue a toda costa. Prefiere la repetición del acto de una manera tenaz y obstinada (por ejemplo los sacrificios aunque sean incruentos) que se terminan convirtiendo en ideología antes que acudir a la modificación de esos actos y caer en los brazos del campo del conocimiento — siempre abierto y cambiante— que, a diferencia de la ideología nunca llega a tener una visión totalizadora de lo que observa, de lo que estudia.

Así pues, la cuestión no es cambiar de nivel, se trata de algo más, de que se produzca en el mundo un cambio de registro, una desviación. Desvelo, perturbación que hoy por hoy resulta ser un imposible. Quizás dentro de 200 años, el hombre haya alcanzado un esclarecimiento mental de tales proporciones que pueda concebir el futuro en términos de ilusión, esperanza, goce y, donde reconozca que también ahí está el límite de la existencia humana.

Hasta entonces, el Arte de Vivir es una propuesta —analizando y pensando las asechanzas y dificultades que acechan al hombre a lo largo de su transitar por este mundo— que posibilita una vida distinta, más plena, y que se encuentra en lo más recóndito de su ser: EL ALMA.

El arte de vivir

I

En la pausa de un desasosiego pasional nace nuevamente un deseo por la poesía. En la lenta atonía de un misterioso colapso nace el deseo de la prosa.

Un anhelo constructivo me acosa, quizá una búsqueda de la renovación. Establecer un juicio de valor como revisión del mundo. Y parto de la idea de que el desarrollo de los hechos, por ahora, escribirlos tiende a perder su materialidad y a adquirir un significado sentimental, diríase espiritual; por consiguiente, se corre el riesgo de que se conviertan en estados de ánimo.

Me disgusta la vida para poder saborearla otra vez. Me disgusta una realidad inconmovible: ante la Muerte, no hay más tiempo que la brutal conciencia de que todavía estamos vivos. Me disgusta que el abyecto obre mal porque puede. Me disgusta que haya dirigentes que mientras negocian la paz en cumbres chovinistas, preparan a sus ejércitos para la guerra. Qué deliciosamente promiscuo resulta explicar situaciones o actos tan descarados que, a veces, quedan enmascarados.

El tiempo —el antes, el ahora, el después— es una clara obstinación. Es una argucia de la astucia porque ¿qué tiene el hombre de propio, sino lo que ha vivido? Pero ¿qué tiene por vivir el hombre sino precisamente lo que todavía está por-venir? Difícil mantener ese equilibrio inestable.

Me doy cuenta de que todavía pervive en mí la juventud porque todavía me interesa la literatura, la pintura, la poesía, el arte en general. Abro los libros con viva y ansiosa esperanza de encontrar cosas espirituales. Leo y quiero leer más, con entusiasmo, buscando un sereno tumulto prepoético.

Ella, ante mi alegato, contestaría: habría sido un imperativo a mi lado.

Y en ese sereno tumulto prepoético crear. ¿Qué significa crear? Tres infinitivos lo definen definitivamente: —definir —elegir —amar. Todavía no sé si en ese orden o en cualquier otro orden. No importa. La claridad de la significación invita a la vida.

La felicidad sería perfecta si la huidiza angustia de adivinar su camino siempre fuera para mañana. ¿No será que aquella se encuentra instalada en la angustia de buscar? ¿O quizá en que mañana bastará con el recuerdo de lo que quiso ser y no fue? O mejor aún: la felicidad está en el camino del trabajo. Es el goce del transitar lo que nos hace felices, no la meta. Porque la meta ¿Qué es sino el día de nuestra muerte? Y ese día, pensaremos que hemos perdido la gran ocasión de realizar —construir— el acto más importante de nuestra vida. Una razón de peso que invita a la vida.

Por tanto, no podemos preguntarnos por la vida, no podemos pedirle nada, tan sólo vivirla. Sólo se exige lo que no se tiene. Practicar la filantía alejada de todo sentimiento victimista.

Lo interesante, lo realmente creativo no es ver las cosas con objetividad, sino verlas con objetivo. Como el de una cámara de cine que capta todo sin expresar las opiniones.

Lo peor para el hombre es darse cuenta de que todos los actos o hechos de la vida son ambivalentes. Es decir, representan las dos caras de la misma moneda. Por ejemplo el bien y el mal pertenecen a la misma materia de acción —deseo, pero de maneras opuestas. Con una dificultad añadida: son como colores vistos en la noche. O se distinguen por prejuicio o por instinto, o por defecto fundado de la vista, nunca alumbrados por un claro conocimiento. Cuando llegan las primeras luces del día, descubrimos horrorizados que esos colores no se parecen en nada a la realidad. ¡No se puede confiar en el ojo, sino en el anteojo! ¡Abajo la conciencia que ventea falsos ideales! ¡Ábranse los caminos al conocimiento! ¡No perdamos la cabeza porque entonces seremos sinceros! Y en la vida, en muchas ocasiones hay que mentir, ¿para qué? Para seguir viviendo. Ya está bien: hay algo más pesaroso que envejecer y es continuar siendo un niño.

Vivir en pecado no es hacer algo en una situación dada cuando se podía haber hecho otra. No es una acción en vez de otra. Es una impenitente existencia mal ensamblada, galvanizada de terribles prejuicios.

El valor de las cosas para los demás (que nos niegan) está estructurado en nuestra avidez por poseerlas nosotros mismos. Si miramos a otra parte, los poseedores de esas cosas las verán esfumarse, envilecerse entre sus manos: a continuación nos las ofrecerán sin resistencia alguna.

Existe una paradoja referida a las cosas y su valor: los prácticos viven distanciados de ellas. No las sienten en su existencia pero sí las comprenden en su mecanismo. Y son capaces de reírse de ello. Por tanto, adiestrémonos en una cosa separándonos de ella y perdiendo el interés en ella. Aprender de la mujer que es antes astuta consigo misma y después con los demás. Hacer las cosas de modo que no atormenten la conciencia y convertir en virtud hasta el pecado que cometamos. Así convertiremos la vida en una existencia bien ensamblada, galvanizada de trémulos deseos.

Dejó dicho Picasso que el gran artista copia las ideas de los grandes, el genio las roba. El buen ladrón sabe que el progreso consistirá en moler las experiencias cubriendo las nuevas sobre las viejas. Celebrar en la vida las facultades activas y renovadoras sobre las estáticas y contemplativas. Don Pablo supo vivir la vida.

El arte de vivir es el arte de saber navegar entre las tormentas de la mentira. Lo paradójico de la cuestión es que sabiendo qué es la mentira no sabemos "quid sit ventas".

Escuchar una pieza de Wagner dispara las endorfinas, leer un poema de Lope de Vega sacude el corazón, la contemplación de un cuadro de Raphael aumenta el ritmo cardíaco. ¿Qué es la belleza sino ese amor por el arte capaz de ser expresado en palabras? Para quien no lo comprenda debe de saber que está instalado en la moda de lo efímero.

¡De cada uno, según su capacidad; a cada uno según sus necesidades!

Estoy en condiciones de afirmar que en el tiempo presente en el arte, la literatura, la pintura existen estilos. Pero a diferencia de épocas como el Renacimiento o el Siglo XVII esos estilos sólo expresan, no explican. Por tanto, no dan cuenta de procesos históricos, tergiversan y por momentos amputan a la realidad su momento histórico. El hombre actual, en general, se comporta como un filisteo, en tanto en cuanto no desea tener conocimiento del arte sino tenerlo para él sólo.

La creación nace de la repetición una y otra vez de un acto. Esa perseverancia hace que se convierta en molesto y aparezca un período de tedio, de dejación. Entonces el acto abandonado por su monotonía, resurge como una revelación y con él, de nuevo, el impulso creador.

Pensamiento Proustiano: como te faltaba el café, ya no encontrabas el equilibrio nervioso para imaginar. Ahora que hay café, te parece que se opone al ocio fantaseador. ¡Impulso creativo!

No existe nadie que haga algo por su semejante sin esperar una compensación. Cuestión de mercado. Ley puramente económica.

Por eso que amar, amar sin reservas psíquicas es un

artículo de lujo que se paga, se paga, se paga...
¿Qué es el amor?
Desmayarse, atreverse, estar furioso, / áspero, tierno, liberal, esquivo, / alentado, mortal, difunto, vivo, / leal, traidor, cobarde y animoso; / no hallar fuera del bien centro y reposo, / mostrarse alegre, triste, humilde, altivo, / enojado, valiente, fugitivo, / satisfecho, ofendido, receloso; / huir el rostro al claro desengaño, / beber veneno por licor suave, / olvidar el provecho, amar el daño; / creer que un cielo en un infierno cabe, / dar la vida y el alma a un desengaño, / esto es amor; quien lo probó lo sabe. Lope de Vega.

Concepto complejo y simplista al mismo tiempo: el alma de la vida.

Un hombre puede afirmar: —Yo sé lo que es el amor, la belleza, el gran arte dentro del arte.

—¡Felicidades señor! ¡¡Usted es un SABIO!!

—Yo sé que es la libertad: consiste en transformar al Estado de órgano que está por encima de la sociedad en un órgano completa y totalmente subordinado a ella.

—¡Enhorabuena señor! Usted entiende lo que es el deseo inconsciente forjador de un pensamiento que le encadena a lo que usted quiera. ¡Qué mayor libertad que ésa! ¡¡Usted es un GENIO!!

Por eso que el derecho no puede estar nunca por encima de la estructura económica de la sociedad por ella ambicionada.

Para entender esto hace falta una definición de Estado libre: Aquel que es libre respecto de sus ciudadanos, por tanto, es un Estado con un gobierno despótico. Justo lo contrario de lo que quiere ser. Antes el poder servía a las ideologías; ahora las ideologías sirven al poder. ¡Se acabó la libertad! Hay que volver a pensarlo todo, de nuevo.

Y si se habla de un gobierno de los ciudadanos, una propuesta: la combinación del trabajo productivo con la enseñanza desde edad temprana, como un potente motor de transformación de la sociedad actual.

Estoy retrasado respecto a mis contemporáneos, por lo menos, en una generación. ¿Por qué? Porque a los cuarenta ellos estaban convencidos de lo que yo, a los cincuenta no me convence todavía.

¡Libertad! ¡No quiero rendirme en ningún momento! ¡Deseo ser un ingenuo!

Memoria selectiva para lo bueno, prudencia lógica para no arruinar el presente y optimismo desafiante para encarar el futuro (Isabel Allende).

El deseo, el deseo, el deseo... ¿de qué hablo? Del combustible que mueve los engranajes del motor que es la vida. Cualquier acto ambicioso que se quiera acometer cuando haya sido superada la ambición conduce al suicidio (el lugar donde ya no existe el deseo).

La moral, la moral, la moral... ¿en qué estoy pensando? ¿en la conciencia limpia? ¿Y qué significa ese término tan espinoso para la mente humana en un mundo donde no hay más que sufrimiento? Digo: no importan las acciones que realizamos sino el ánimo con que las llevamos a cabo. Entonces la moral es del orden de la astucia. Por el momento alejar de este pensamiento cualquier planteamiento panteístico para seguir viviendo.

Parece fácil escribir de estas cuestiones. Sólo hace falta no estar enamorado. No estar apegado a ningún prejuicio ni a ningún senti-miento, es decir, estar enfrente de uno mismo. El resto resulta ser más sencillo. Como en el amor, que tiene la virtud de desnudar no a los amantes uno enfrente de otro, sino a cada uno ante sí mismos.

Equivocación empecinada: cuando uno se equivoca, piensa "la próxima vez sabré como hacerlo". No, no y no: "la próxima vez ya sé cómo haré".

¿De qué sirve sino, el conocimiento que es del orden del aprendizaje, no de la enseñanza?. Un profesor no enseña nada si previamente el discípulo no tiene predisposición a aprender. Por eso que quien busca haya. Las experiencias son procesadas en nuestro interior y vivimos las aventuras que elegimos tener.

Me acosa una pasión: el acto de la muerte significa el descanso absoluto. No hay más. El pensamiento referido a la muerte es el perturbador de todo descanso. No hay que amilanarse, estoy hablando de la vida. Cualquiera puede entenderlo.

¡Qué valioso e importante resulta ser el pensamiento anterior! Y descubrirlo causa desagrado y repugnancia. Es el arte de vivir, como la política es el arte de lo posible, por tanto, toda la vida es política. Vida como el arte de tomar una actitud tal que no haya necesidad de invitar a las personas ni a las cuestiones, sino que unas y otras vengan a nosotros. Los sabios saben de qué hablo.

Poseer fecundidad de pensamiento que por definición no tiene fondo. Donde se forja el conocimiento; ese saber que los descubrimientos más importantes están intercalados entre las pausas. El silencio también es una manera de conversar cuando los interlocutores lo toman como una pausa para pensar lo que decir y no decir lo que piensan. Patente de corso reservado a los hombres formados y cultos.

Nunca son las cosas lo que parecen. Por ejemplo: Tener gusto por el abatimiento, el abandono, por un enervante asco melancólico y una dulce voluntad por digerir el mal de golpe, puede transformarse en la catapulta para cambiar la actitud ante la vida y hacer las cosas de otra manera. Puede convertirse en una promesa de una fecunda vida interior. ¡Ojo! También al revés. Hay hombres que al triunfar, fracasan. Sobre todo, aquellos cuyos éxitos piensan que son amparados por la Providencia y no por la astucia. Se convierte en una argucia de su pensamiento para aumentar a sus ojos la importancia de sus éxitos. En fin, cuando un hombre jode, en general, hay debajo una mujer, aunque se trate de joder a otro hombre. ¡Adocenamiento vaporoso!

Por eso es muy necesaria la madurez; dejar de seguir buscando fuera lo que se encuentra en lo más íntimo del alma. Dejar que ésta nos hable, con su ritmo, donde los años sean unidad del recuerdo, y los días y las horas del conocimiento. Axioma fundamental para ingresar en una vejez presidida por la actividad alejada de esperas de la nada, ni siquiera de uno mismo que conducen al endurecimiento de la razón y, por ende, a la estupidización. Hablo de cuestiones que están ahí, al alcance de cualquiera que quiera tomarlas. Es una especie de acervo que nos tiende la vida. Y lo que nos cuesta aprehenderlas. ¿Por qué? Cuesta el esfuerzo de entender que son dominicales. De ahí que el hombre inteligente no suele cometer errores y si los comete, le sirven.

Yo soy un momento de la eternidad. Por tanto, nací y moriré. "Soy un hombre que tiene los pies a la altura de los pies" como diría el poeta Miguel Oscar Menassa.

Quien no se salva por sí mismo, no le salva nadie. Nadie puede salvarle. Lamentablemente una persona cuenta por lo que es, no por lo que hace. Así que a buscar en todas las cosas y en todas las ocasiones la posibilidad futura. Si sabemos que queremos hacer una cosa, podremos hacerla; es del orden del deseo. ¡Ah! Pero atentos: no hay que enamorarse para que la estrategia empleada para la consecución de lo que se desea pueda ser empleada eficazmente. El resto un poco de basura y mucho de porquería.

"¡Confiar en el anteojo, no en el ojo!" Hay versos de César Vallejo que resultan ser un perfecto adagio.

Una actitud elegida para vivir, es una pose, una cierta falsificación de uno mismo cuando nos observamos. Nos convertimos en un personaje susceptible de ser narrado en un libro o teatralizado en una obra. Y no digamos si además, está condimentado con pensamientos que dan sentido a su existencia. Por eso, que no se escribe o se representa a todo el mundo. Aunque todos nos encontramos identificados con algún personaje.

Me imagino una vida absolutamente libre de todo sentimiento de pecado. Imposible, es un vacío, un precipicio que da miedo.

Sin embargo, ese sentimiento de pecado, que por definición es lo no permitido, añade a la cuestión un grado ineluctable a la existencia. Este inconveniente en el camino, es como la dificultad de la materia en el arte: si no fuera difícil aburriría a todos, incluidos los artistas. Por eso, mucha gente piensa que no sirve o no vale para escribir, pintar, moldear... Estamos llenos de pre-juicios que nos llueven por doquier desde tiempos inmemoriales. Después de escrito esto, afirmación rotunda: el pecado es un sentimiento de inferioridad. Es de notable apreciación como en la medida que el hombre se hace adulto, no aprende nuevas maneras de hacer el bien, sino sólo para hacer el mal. Y le lleva toda la vida esta cuestión que nunca termina de aprender. Titilación prendida en la carne.

Vivir haciendo constantes canalladas y provocando aflicciones al semejante (obsérvese en la familia, en el trabajo, en la vida sexual, en toda actividad) y en muchas ocasiones sin perder la compostura interior.

¿Cómo? ¿Qué el mejor bagaje que puede tener un hombre es la suma de sus canalladas? Perseveremos en la buena conciencia como expresión del deseo que anida en todos nosotros: ser nosotros mismos y sentirnos cómodos haciéndolo. Verdad y honestidad como estandartes de la vida que como el amor y el trabajo es una construcción constante y permanente en el tiempo vital. Pensar de otro modo es una ingenuidad que por definición resulta ser un egoísmo personal.

Hay que tener vida interior, entendiendo por ella una vida de razonamientos, de lectura, de escritura, de estudio y formación, aunque provoque tempestades en el alma. ¿Pero qué sino es un hombre cuyo alma no sea zarandeada y agitada por tumultuosos pensamientos internos? Sólo se renuncia a lo que no se conoce o ignora. Por eso, quien camina sobre la tierra antes no hollada y pone su mirada sobre lo antes nunca visto, tiene otra vida.

La cuestión es como en la "ópera omnia" de toda una vida: se entiende que cada capítulo es una construcción, pero en su conjunto cabe preguntarse si es una sucesión o una construcción. Así como los siglos literarios son entes empíricos, abstractos y se entiende bien, el hombre es algo más. Una vida.

Hace una década que escribo poesía y me sigue sorprendiendo lo que escribo. En muchas ocasiones no reconozco los versos ni el sentido que en ellos hay como míos. Me sorprende la lectura que de otros autores hay entre ellos. ¡Qué maravilla!

Hace un año que decidí escribir prosa. No me imaginaba la cantidad de pensamientos que anidaban en mí. Quiero decir que estoy pensado por ideas milenarias, herencias ancestrales y, sobre todo, por esa capacidad de cuestionar todo lo que me rodea. Curiosidad que embarga mi alma y se entrega al mundo. Un descubrimiento en toda regla de que estoy vivo.

¡Opus!

Decía Pavese "que la condensación de una novela corta no consiste en embutir unas noticias dentro de otras como las cajas de los japoneses, sino en el "tono" que presenta el fluir de los hechos como algo que sucede pensadamente, a una razonable distancia, ¡y está lleno de sobreentendidos sugeridos precisamente por la distancia!". Escribir una novela con esa precisión es concebir la NOVELA.

II

Encontrándome con ella empiezo a crear: hablo de la ciudad de Madrid. Ciudad de la fantasía, arquitectónicamente aristocrática donde se entremezclan los elementos nuevos y antiguos; ciudad de la pasión por su benigna propiciación de los ocios; ciudad de la ironía y la burla (al más puro estilo de Quevedo); ciudad de la chulapería como signo inequívoco de procedencia y linaje; lo material y lo espiritual se entremezclan en un crisol de civilizaciones venidas de todas partes y por doquier dotándola de sosiego enriquecido en tumulto; ciudad virginal en lo artístico, que no ha tolerado caricias hasta que ya preparada, si encuentra a su amante, se entrega. Ciudad que fue capital de un Imperio. Se dan todas las condiciones para vivir, amar, escribir, pintar, esculpir... y morir en ella.

Descubro que no hablo de romanticismo. Los románticos son los eternos adolescentes; aquellos que se sienten atraídos por personas y cosas, dejando unas por otras. Que se resisten y sufren mientras se dedican a esta actividad. Existen, en cambio, esos otros que acercan su experiencia a una vasta gama de valores y viven contemporáneamente y están encantados de conocer personas y cosas que sumar a su vida. Aquellos que de la ceniza forjan el fuego, de la arena del desierto moldean una piedra preciosa. Éstos son los clásicos a los que denomino, hombres.

¿Quiénes son los verdaderos forjadores de la vida? Sin entrar en digresiones desviacionistas, aquellos que proyectan una clara y transparente realidad sobre una enorme pantalla fantástica. Aquellos que fueron precedidos por la idea y luego la ejecutaron. Entonces hay proyecto, hay industria. El resto, especulaciones del pensamiento.

El pensamiento propio es una construcción de la vida

interior que sirve de soporte a la vida exterior (con otros). Hace que los intereses personales no estén sólo subordinados sino que también sean coordinados. Permite un autoconocimiento y, por tanto, a una muy distinta observancia e interpretación de las vivencias del sujeto. Por consiguiente, enriquece y ennoblece el espíritu humano y le confiere una vida vívida en cada instante. Así, el intelectual o el literato resulta ser más real, más cierto por cuanto su visión es más amplia y descubre por "après coup" su vida a través de su pensamiento. Vida que como tal resulta unitaria donde cada interés (actividad) se apoya en los demás.

El hombre, a menudo, confunde poder con autoridad; esta sólo puede amenazar, exigir y, en su caso, conmover. El verdadero poder lo tiene la Naturaleza... y no estoy hablando de Dios.

La Tierra Prometida se encuentra allí donde el hombre ha llegado guiado por su fe. Se convierte en realidad porque ha coronado el lugar buscado.

¿Y cuál es ese lugar? Un sitio desde el que continuar el camino porque lo real gozoso es el viaje no la meta. El final siempre es la muerte.

Ley del Retorno: volver a pisar por las mismas rodadas, volver a construir. Vivir la vida como una construcción permanente. Retornar, repetición, una segunda vez. También cuando decimos que es la primera vez es una "segunda vez".

Pensar de este modo es ser un sujeto de acción. Es verdad que primero pensar, después construir, hacer, convertir el desierto en un formidable oasis.

Comportamiento humano práctico: el dolor de los dolores, es saber que el dolor pasará. Y ahora a sentir la humillación como crecimiento interior. ¿Y luego? Porque no nos liberamos de una cosa evitándola, sino tan sólo pasando por ella. Insisto ¿y después?...

Sigo sin contestar a la pregunta. O no sé contestarla, o no quiero hacerlo, o quizá estoy pensando lo que tengo que escribir. Tres formas distintas de entender la vida donde cada sujeto es libre de escoger el camino que crea oportuno. Se elija la que se elija, en cualquier caso arrojará dos variables: una, que tendrá sus consecuencias, otra que queda garantizado jugar la partida. En cualquier caso, no sabremos el resultado hasta después. Pensar de otro modo, es abrazar los tentáculos de la estupidez, mecerse en el placebo y seguir siendo niños.

¿Y después? Templanza. Que viene a significar ver cada vez más claro el trabajo. Hacerse valer, conocer el mínimo de fuerza necesaria para mantener el impulso. Y dejar, mientras, que los otros se nos acerquen con sus triquiñuelas y señuelos. Vislumbrar el camino; sentir la conmoción que la dificultad pone en cada paso; el tumulto de los amigos recién llegados a esperar que nuestra fortuna se consolide; soportar la ventisca que estalla a nuestro alrededor sin ser en realidad tomado ni dominado. Proyecto, proyecto, proyecto... eso es estar templado.

Cuando te aburres, fumas, no puedes dormir, estás ansioso o inquieto. O más terrible todavía: todo a la vez. Más que dolor, sientes terror, como si la misma muerte se colara por debajo de la puerta. ¿Temes algo de la vida? No. Temes al vacío que se apodera de ti.

Si ahí, una vez más, adquiere sentido seguir viviendo, hay crecimiento personal, que se enciende como una chispa vital.

Pienso que mi escritura que no es más que el brazo ejecutor de mi pensamiento, es heteróclita. Y mi memoria, a veces, mnemónica, a veces, condensatoria.

La diferencia entre la escritura literaria y la poética es del orden de la pertenencia. La literaria, una invención; series de vivencias, sueños o cómputo de todas y entre ellas. El poema no le pertenece al sujeto que la escribe (si es un poema). Es un asteroide caído sobre un planeta conocido de un planeta desconocido. Por eso que para el que escribe poesía el placer reside en el descubrimiento que hay en cada página: Ahí y sólo ahí hay escritor, hay poeta.

De cualquier manera, para cultivar las artes, se hace necesario un condimento especial: el Amor como deseo de conocimiento. Pasión del orden del enamoramiento, donde escuchar un bolero, escribir un poema, una conversación de arte con un amigo, trabajar con alegría, eso es amar...

¡La Vida!

¿Y qué es escribir? Inventar, encontrar una nueva vivacidad sin "folclore". Por ejemplo William Shakespeare al teatralizar sus obras convierte la imagen narrada en imagen dialogada, donde los actores a veces, ni siquiera están en el estrado. Hace que el espectador tenga que imaginarse la historia. La ironía la "inventa" como una derivada de la comedia. Y el resto de los fragmentos de la obra son añadidos, transiciones que enriquecen y vivifican las imágenes congeladas y dan vida a ambientes laterales.

¿Y qué es pintar? Conseguir hacer siempre lo que los demás soñaban. Por ejemplo Rafael que en sus frescos o en sus lienzos articula los espacios en un orden compositivo, donde acentúa la disposición arquitectónica y crea una naturaleza nueva de los ritmos. En esos paisajes abiertos que pinta, marca el encanto de los colores y de los personajes, crea una síntesis entre éstos y el objeto, entre individuo y naturaleza. Todo ello bajo el prisma de una vasta contemplación histórica.

Y dicho esto, reclamo del lector su más infinita indulgencia para desenmascarar ese tópico tan manido y escondido en los velos del misterio, por el cual, el artista es alguien que recibe una inspiración (algo Divino) que le alumbra para gestar una obra de arte. Aquellos que se arrogan este pensamiento están incluidos en lo que definía con precisión Ortega y Gasset "barbarie emergente".

Porque el ejercicio de la memoria es un placer —además de saludable— y un bien porque implica conocimiento.

El hombre llega a una época en que se da cuenta de que todo lo que hace se convertirá con los años en recuerdos. Sin lugar a dudas, llegó a la madurez. Para llegar a ella es necesario tener ya recuerdos. El resto, mitos y ya sabemos, que los mitos viven en los epítetos.

Esto puede producir al leerlo, cuanto menos admiración. En el sentido de que una cosa se parece a otra; del orden de la comparación. No es más que la confirmación de un hecho que se transfiere a otro y ahí encuentra la explicación. En la fusión de estos dos vocablos —confirmación y explicación— queda acuñada la admiración.

Un ejemplo de lo dicho anteriormente sería en términos generales la obra de Rousseau; Profundizó e interpretó el mundo cultural ya conocido y aceptado desde hacía tiempos inmemoriales, la Arcadia. Creó innovaciones creativas que halagaban y turbaban con lo nuevo y permitían continuar mirando hacia lo conocidísimo y hasta querido.

III

¿Venganza? ¿Contra quién? Haz como que le perdonas. ¡Abandónale a la venganza de la vida! El tiempo como aliado incontestable. Y también esos otros, esos que acaso te han ofendido, violado, hecho mutilar por tu enemigo. ¡Niégalos que serán los que te venguen cuanto más amados se sientan por tu enemigo! ¡Déjalos vivir! Porque si no, ¿qué venganza sería si todos estuvieran muertos?¿Qué venganza más bella —y digo bien— hay que la que infringen otros a tu enemigo? Hasta tiene el mérito de dejarnos reservado un papel de generosos. Maniqueísmo en estado puro.

En estas cuestiones, el hombre siempre está impetrando la intervención de los dioses. ¡Basta de engañarse y hacer oídos sordos! Los dioses no tienen sentimientos. Saben lo que va a suceder y cómo; y además lo hacen. Son prácticos, prácticos, prácticos...

¡Los intereses inconfesados! La verdadera esencia del ser humano. ¿Por qué ella me mira con ojos que no ven y están preocupados? Piensa mal y no te equivocarás. El resto, objetivación que se libera con toda experiencia que se experimenta (amor, aventura, pasión, riesgo...).

Y vamos a dejarnos de banalidades infantiles: esperar también es una ocupación. Lo trágico es no esperar nada.

Un hombre que tiene los pies sobre la tierra: boca besada no pierde su frescura y todo se renueva como la luna.

Otra vez a vuelta con el recuerdo. Tiene la paradoja de no existir, es decir, es pasado y, por tanto, ya no está. Sin embargo tiene la riqueza de llenar la vida, de hacerla más grande de surtirla de conocimiento. Por eso que la riqueza de una generación viene dada por la riqueza de su pasado; aviso para los jóvenes. Quiero decir que si no se tiene pasado, se tendrá que construir, crear su historia.

Jóvenes del mundo os digo: se combate siempre con alguna parte de uno mismo; la que se ha superado. Aquella que ha quedado en Hesperia.

En religión la vida se mira en el espejo de la muerte. Liberados de este tabú la vida adquiere valor cuando se piensa en la eternidad, es decir, más allá de la muerte. Esa es la verdadera religión.

Vuelto el anteojo del revés, es decir, mirando al pasado, los recuerdos se convierten en símbolos. Alegoría que nos acompaña toda la vida.

Soy consciente de que llegados a este lugar, hay lecturas que debido a la cadencia de su escritura son un arrojo bloqueado... un jadeo... Soy simplemente un escritor. El resto de mi vida, resulta ser más sencillo.

Blasfemar: acceso de asma acompañada de rabia y tesón con la precisa intención de ofender a Dios. Una manera de vengarse del Todopoderoso con un martillazo en los clavos de la cruz. Después Él se vengará, enviará otras desgracias, removerá tierra y cielo para demostrar que el martillazo hizo su efecto. El hombre que es la última mierda es capaz de irritar y enfurecer a Dios. Él que es el dueño absoluto, después de todo, no ha pensado en todo. ¿No será que quiere que el hombre aprecie lo que es tener dignidad?

Nobleza de sentimientos: aquel hombre que se toma en serio los deberes morales. Que piensa que un principio moral ha de afirmarse incluso en situaciones extremas; el suplicio, la prisión e incluso la muerte. Todavía nos queda mucho por aprender.

Una sentencia: el arte de la vida consiste en ocultar a las personas más queridas este sentimiento que tenemos hacia ellas; de otro modo las perderemos. La relación de pareja hombre-mujer debería de estar fundada como en tiempos de Roma: "affectio maritalis" y mutuo consentimiento no inicial, sino continuo y duradero en el tiempo.

Responsabilidad, conciencia, fuerza, ideas y, sobre todo, proyecto son los ludibrios de todos los estímulos. El verdadero rate no es aquel que no acierta en las grandes cosas, sino en las pequeñas; no hacerse un hogar, no tener un amigo, no haber amado una mujer, vagabundear...

El espíritu de sacrificio tan denostado a lo largo del tiempo es una poderosa arma inasible ante el desaliento. Porque no vale lamentarse; lamentarse es ceder ante el mundo. La antesala de la indignación que es el ideal de la impotencia. Luego viene la desesperación del engañado, del vencido; atroz carga.

¿Y quién fue el más famoso crucificado? Y ni fue engañado, ni frustrado ni vencido. Y sin embargo gritó en la Cruz "Eli, Eli Lamma sabacthani". Luego se recobró y triunfó. Y Él lo sabía.

Un cáncer que roe al hombre: su permanente insatisfacción. Ese encuentro brutal entre lo que es y la infinita complejidad de la vida. Y antes o después se da cuenta. Ese lento darse cuenta o el fulmíneo intuir. Rastrear en su infancia (recuerdos), indagar en los nuevos descubrimientos retrospectivos; en definitiva contemplar sin pausa esa especie de horror que convierte el viaje a ninguna parte. Prueba de la vanitas vanitatum que nos persigue a todas horas como la sombra del diablo, sólo interesados por nosotros mismos. Y el pensamiento más atroz olvidar a los muertos. ¿Para qué si ya no nos sirven en razón de su no existencia física?

Y usted lector me preguntará ¿y el que escribe que piensa de todo esto? A modo de glosa, digo: reconozco que también me acosan estos tormentos. Después a seguir trabajando que es el mejor estadio para conocer la felicidad. Y acordarme de los muertos, de sus vivencias, de sus consejos, de sus enseñanzas, de sus errores, de sus calamidades y bajezas y sacar provecho de ello. Sólo las naturalezas fuertes, resueltas, saben de qué hablo y son los que pueden rodearse de tiernos afectos. El sentimentalista vive en un constante y continuo error.

Otro cáncer para el hombre: el horror de la fría e inmóvil soledad. No es lo mismo "a solas" que "solo". El hombre lógicamente se enamora para no estar solo. Símbolo que genera una ilusión de correspondencia que se llega a pensar como real. Quien posea la sagacidad necesaria para adecuar la correspondencia no sufrirá accidentes y creará un mundo en el que disfrutar del objeto. Tendrá que considerar que ese mundo es de finísimo cristal, por tanto, frágil ante cualquier contingencia o dificultad. Quiero decir, en definitiva, que esa sagacidad tiene que ser la suficiente para dar un significado
—símbolos y realidad, palabras y cosas— sin confundirlo con la sustancia verdadera. Y ahí, la soledad queda transformada en otra cosa. No se trata más que de un postulado para vivir la vida de otra manera.

Nada en la vida merece ser pagado más allá de su valor. Por eso que el sentimentalismo es una desviación psíquica que produce el trastorno de los valores. Es preferible ser un alma undívaga.

IV

Nada se suma al pasado. Volvemos a empezar siempre. Sólo es real cuando pasa por segunda vez.

"La única flor de esta civilización prodigiosa en su ocaso, que no olvida todavía y que a través de la muerte conserva para los hombres el latido de los corazones humanos, es, espíritu sin rostro, el ARTE". ¡Y lo escribió Pavese antes de suicidarse! La genialidad no está reñida con la locura.

Para todo aquel que quiera escuchar y aprender: La meritocracia de todo conquistador no está en que nos muestre el valor de los sucesivos viajes, que es el negocio de los futuros viajeros. El conquistador —como los argonautas de la mitología— no entiende de cuantificaciones ni magnitudes. Sabe de dudas, de coraje y de certezas. Por eso que triunfaron aquellos que no buscaron tener razón, sino que la obtuvieron.

Cuando se recibe una educación sólida, dura, voluntariosa, disciplinada, con capacidad de liderazgo, si uno lo desea, hay otros que se apoyan en ti. Necesitan de tu fuerza, desviarla hacia sus fines, es decir, destruirla. Ignoran que la solidez que te conforma las has creado para un fin que es el de ayudarles.

Por eso que hay que confiar en el anteojo y no en el ojo. En el trabajo, en el dinero que se maneja, en las páginas que se escriben... Si no, ¿qué sería la vida? Un desierto, un horror, un vacío permanente. Sólo los que están muertos escapan a este destino, aunque estén vivos.

Por eso hay que confiar en uno mismo. Un ejemplo: eso que antes se ansiaba y se termina por conseguir ¿a quién dar las gracias por lo conseguido? Y eso que se posee, ahora se teme perder ¿a quién echar las culpas cuando se puede evaporar? Pensar y ser, pensar y ser, pensar y ser. Y saber cuándo corresponde cada proceso porque los dos a la vez no puede ser.

¿Y el destino? Abandonarse y vivir la plenitud. De él sólo sabemos por après coup. Por eso que es destino lo que se hace sin saberlo, abandonándose...

Y cuidarse muy mucho de los aduladores, de los seguidores, de los amigos. Porque no traiciona el enemigo sino el amigo. Aunque la traición no es el peor de los dolores, ya que, puede ser moderada y modulada estableciendo una política de confianza vigilada. El dolor de los dolores es cuando la estupidez como argumento de la ideología se esconde detrás de la confianza. Grandes hombres han sido abatidos por las alianzas de pusilánimes. Léase la historia.

No se debe de estar pegado al tiempo como un avaro. Cualquier discurso no debe de tener naturaleza de rito religioso, es decir, escuchar para oír lo que ya se pensaba. Debe de ser un símbolo visto a través de la inteligencia. No debe ser un enfrentamiento de bloques sino un enfrentamiento dialéctico de pensamientos con toda su diversidad de corrientes. Por ejemplo ser un genio creador, ¿para qué?, ¿para ser recordado? No. Para poder soportar el trabajo constante y diario bajo la certeza de que cuanto se hace vale la pena, gens de algo único.

Dicho de otro modo, la creatividad tiene y mantiene un flujo incesante y tan sorprendente que corta el aliento, provoca reacciones interiores que convulsionan y mutan de tal manera que producen una múltiple realidad.

¿Loco o soñador? El loco puede volverse cuerdo, el soñador debe apartarse de la tierra. El loco tiene enemigos, el soñador sólo se tiene a sí mismo...liberto de la nada.

Tratar el tiempo como materia y no como límite. ¿Es una locura o por el contrario resulta el pensamiento de un hombre de acción? ¿Y cómo definir un hombre de acción? Aquel que descubre en la práctica lo que ya sabía.

Y después de tantas palabras y tantos pensamientos ¿qué es el arte de vivir? El arte de reconocer que los sentimientos son un juicio nada más que nuestro. El arte de mentirnos a nosotros mismos sabiendo que... mentimos. El arte de saber que la mujer es del orden de la astucia. El arte de acariciar el dolor para emerger de él de un salto. El arte de descubrir que cada uno se interesa por sí mismo. El arte de la humildad y la humillación como signos de distinción y supervivencia...

Estas cuestiones que describo crean en el inconsciente imágenes que convertimos en símbolos. Símbolos que aluden a una realidad interior de cada sujeto. Por ejemplo: si pienso que una persona no puede saber de ignorar sin deseos de conocer inmediatamente me viene a la memoria ejemplos de circunstancias y vivencias con otras personas para reafirmar este pensamiento o denostarlo. Hago de esa imagen, un símbolo. Pensamiento correcto: no se puede saber de ignorar sin deseos de conocer y saber que eso, le pasa a todo el mundo. Luego está la elección —de quedarse en la ignorancia o dar el salto al conocimiento— pero, esta, es otra cuestión.

El arte del pensamiento: Aquel que es significativo e ingenioso, cuyo fondo está constituido por el tejido conjuntivo de la historia. Debe de ser un pensamiento de acción, donde dejar en libertad los mecanismos del estímulo siempre bajo la mirada vigilante de la reflexión, aquella que actúa en momentos de sordera o ceguera. Para el amante del riesgo esta experiencia es brutal; porque uno transforma su presente, puede pensar el futuro y modifica su pasado. ¡Esto sí que es absolutamente revolucionario!

Un tabú del pensamiento: sentarse con alguien en un muelle pero no en el café del mejor hotel. Ese sujeto es de naturaleza bruta. Quien está dispuesto a sentarse en ambos ambientes, en momentos de crisis sabrá comportarse. Pensar de una u otra forma tendrá consecuencias (o resultados) diferentes. Para el sujeto del ejemplo resultará un incentivo a retraerse de la vida. Para aquel abierto a cualquier ambiente, un incentivo para lanzarse a ella. Es como la culpa; permanecemos en la adolescencia mientras nuestro pensamiento adormece instalado en la idea de que la culpa siempre es de los demás. El grado de madurez se adquiere cuando hemos comprendido que todo lo que pasa es por nuestra culpa.

Otro tabú del pensamiento: mis intereses están subordinados —todos— a uno sólo... cuando lo que procede es que mis intereses estén todos coordinados. Siendo así, la expectación que éstos últimos levantan no será ansiosa, sino confiada, entendiendo por tal del orden de la curación o, si ustedes prefieren del orden de la salud.

Insisto, confiar en el anteojo y no el ojo: expectación confiada.

Los parabienes y felicitaciones que recibimos de nuestros amigos en los días de Año Nuevo se cumplen tan raras veces como todos nuestros otros deseos: expectación ansiosa.

Lo bueno si breve, dos veces bueno. O como dijo Shakespeare en boca del charlatán Polonio en su obra Hamlet: "como la brevedad del alma es el ingenio y la prolijidad, su cuerpo y ornato exterior, he de ser muy breve". Las "magia" de las palabras como recurso para despertar impulsos anímicos en el destinatario.

Palabras y palabras; el hombre se reúne alrededor de éstas y con ello consigue transformar la naturaleza. Todo, para conseguir convertir las sensaciones en determinaciones donde el tiempo juega un papel relevante si se entiende que no se pierde; se construye, donde parte de la vitalidad del hombre es escuchar cualquier propuesta.

Lo bello es indefinido. ¡Genial! Conducta estética donde no demandamos ni le pedimos ningún tipo de satisfacción al objeto observado. Nos contentamos tan sólo con su contemplación: Goce.

¿Y el goce de la creatividad? "Ese poner colores

donde antes no había sobre un blanco lienzo (per vía di porre) o ese quitar de la piedra la masa que esconde la superficie de la estatua que contiene (per vía di levare)".
¡Qué grande eres Da Vinci!
Sólo es para mí lo que todavía no es. ¡Y el pretérito al desván de los recuerdos!
Un imposible me acosa: lo que me pasa, en realidad viene del futuro. El deseo cabalga a lomos de la necesidad. No me da miedo el pasado, los recuerdos, las nostalgias... lo que verdaderamente me produce miedo y un vacío vertiginoso es lo que me pueda pasar de hoy en adelante... una expectativa libre, sin cadenas, una aproximación a la muerte que se acerca a la vida. Saber que lo fundamental de mí, pasa fuera de mí, es decir, tener la mente libre de pre-juicios donde una cosa que no haya pasado puede pasar y una cosa que pasó puede no haber pasado en contraposición a que no puede ser que lo que haya pasado no haya pasado y no puede pasar lo que no pasó.
No debe confundirse apariencia con verdad. No se debe confundir nuestra manera de ser con nuestra manera de pensar. Confundir ambos términos es una resistencia. ¿A qué? A encontrarme con pensamientos diferentes a los míos y más lacerante resulta ¡encontrarme con pensamientos propios que ni me imaginaba que pudieran estar en mí! El encuentro con lo nuevo es, en todo caso, doloroso para el hombre, ¿por qué? Porque no puede afirmar con exactitud que haya pasado, es un desconocido en mitad de la noche cuya luz se haya prendida en su interior.
"A mis soledades voy, / de mis soledades vengo, / porque para andar conmigo / me bastan mis pensamientos. / Ni estoy bien ni mal conmigo, / mas dice mi entendimiento, / que un hombre que es todo alma / está cautivo en su cuerpo".
Extracto de La Dorotea de Lope de Vega.

Transformar la contienda entre los sentimientos y su contrario la determinación en dialéctica es, hoy por hoy, inalcanzable para la psiquis humana.

Quizá dentro de cien años si se acepta este cambio, se podrá decir que el hombre ha progresado y la forma de vivir será otra.

ATALAYA DE LA ARGUMENTACIÓN

INTRODUCCIÓN

Define el diccionario la palabra atalaya "como punto de vista desde el cual se pueden enjuiciar con objetividad hechos e ideas", siempre y cuando se tenga en cuenta que no deja de ser una mirada que se tiene desde un punto en una línea que ni siquiera se puede afirmar que sea recta. Etimológicamente hablando la palabra atalaya proviene del árabe y en su acepción más "histórica", es decir, lo más próximo al sentido del étimo árabe significa "hombre que atisba o procura inquirir y averiguar lo que sucede". Por tanto, en una simbiosis de ambas definiciones podemos decir que atalaya es ese hombre que atisba para enjuiciar con objetividad y averiguar lo que sucede. De este modo queda inaugurada la atalaya de la argumentación y, también el argumento-razonamiento de por qué atalaya y no otro concepto.

Y queda bautizada la atalaya de la argumentación desde ese lugar privilegiado que permite plantear si las ideas en principio son supuestos; si la filosofía es la lógica del discurrir humano o es una forma ética de vivir la vida. Lo cierto y verdad es que sabio no es sólo el que sabe sino el que sabe vivir.

Existe una vehemencia del silencio. Un silencio solitario que permite el estudio de la filosofía; un acercarse al estudio —conocimiento apartado de las opiniones sociales. Una actividad a solas que no solo. Así, la filosofía sería un estado entre la angustia y la renovación donde los procesos históricos son el cisma del alma: estar alerta de que lo que no está a la vista no significa necesariamente que no exista, sino que hay que buscarlo. El gran cáncer de toda sociedad descansa en una filosofía egocentrista, alejada de cualquier idealismo.

En esta búsqueda incesante que pretende ser un

argumentario, el hilo conductor va a adolecer de falta de correlación o concordancia entre sus distintos elementos y va a pecar de cierto desorden y diríase de hasta descomposición. Se trata querido lector, de que el texto sea una conversación que contenga todos los ingredientes necesarios, a saber, discusión, contradicción, acuerdo, sentimientos encontrados, todo ello, con una visión enriquecedora y, sobre todo, lejos de opiniones. Una mirada del hombre ante su imagen proyectada sobre el espejo. En definitiva, criterio y argumentación de la misma. Piénsese que los acontecimientos que acaecen al hombre son del orden de la naturaleza y de los procesos en que está inmerso y que luego conformaran la historia del mismo. Y esto sucede tanto a nivel personal como social. Aquellos que argumenten que los sucesos que vive el hombre pertenecen a planteamientos divinos o místicos sólo cabe apostillarlos con la idea de que estas creaciones están en la propia naturaleza del hombre como respuesta o en ocasiones como caricia que tranquiliza el espíritu cuando se ignora el porqué de la vida y lo que resulta más enigmático no conocer el futuro de la misma, ya que, el final de la etapa es por todos conocido: la muerte. El conocimiento vulgar que no el popular es un saber sin estilo.

Atalaya de la argumentación

I

La esencia de la vida del hombre no es tanto la realidad —aunque también— sino la Verdad. Esa que se construye en cada momento; la que da cuenta de lo que está sucediendo. Por eso, que nunca nada es lo que parece. Por eso que la Verdad supera la realidad, la desrealiza. La realidad supera a la ficción. La Verdad a la realidad. Y así, por ejemplo, se ve nítidamente como la poesía no imitativa es la Verdad del género humano, en tanto en cuanto, saca a la luz la esencia del alma, con sus virtudes y miserias y da cuenta de los procesos históricos del hombre para ser presente en todo momento. La poesía es un arte —entre otros— que da cuenta de la verdadera historia de los pueblos; en contraposición a la pintura o a la escultura creadoras de imágenes, momentos, edades de la vida de aquello que representan. Ambas artes no dan cuenta de la historia de eso representado. Sólo la imagen instantánea de ese momento histórico. Y la función poética, insisto —no imitativa en consonancia con lo que observaba Platón— se alimenta de la realidad, los deseos y la pasión que pone en todo lo que hace en busca de la Verdad, lejos de elogios (aunque los tolera) sólo hasta el punto como afirmaba Pericles "en que cada cual cree ser capaz de realizar algo de las cosas que oyó; y a lo que por encima de ellos sobrepasa, sintiendo ya envidia, no le dan crédito". La Poesía se esconde y, al mismo tiempo, se muestra a través del simbolismo del lenguaje, siempre al encuentro de dos respuestas: a una pregunta del orden del saber, de la enseñanza y a una llamada del orden de la existencia, del aprendizaje. Escribir poesía es una forma de hacer política, en tanto es un acto de orden social donde en ocasiones, escribir del porvenir es una fórmula para deshacerlo —una construcción de la deconstrucción— como en el cine excelente, ese que presenta al público películas cuyo final no se adivina cuál va a ser. Schopenhauer estableció una sutil y a la vez profunda distinción entre los que piensan para escribir y los que escriben porque han pensado.

El hombre siempre sobre el camino: ese es su devenir, su existencia vital. El muro de las lamentaciones como el elemento subyacente del mal. Las situaciones límites, los fracasos, enfrentan al hombre al reconocimiento de su verdadera trascendencia; le colocan más allá del bien y del mal.

El mal, un enigma cuyo secreto hace que exista el bien. Lo mismo que la injusticia con la justicia. Podría afirmarse que también entre hombre y mujer donde al tiempo se contraponen y complementan. Proceso histórico resultado de muchos factores siempre modificables, siempre discutibles y en constante evolución. Poseer una objetividad histórica al modo del pensamiento de Tucídides en contraposición al personalismo histórico. Pensamiento este basado en la ética en el sentido más etimológico del vocablo: carácter.

En ocasiones la imperturbabilidad parece ineptitud; la prudencia, apacibilidad; la seguridad y entereza, dificultad y tardanza en la determinación. Una especie de acrimonia que puede ser salvada por el diálogo, "ese placer que la elocuencia concilia a lo que es honesto siempre preferible a lo agradable, y en las palabras quitar de lo útil y provechoso lo que pueda ofender" en palabras de Cicerón. Un diálogo que ponga de manifiesto las cosas para observar de dónde y cómo provienen y examinar adónde se dirigen y su significado. "¡Tan grande es el trabajo que le cuesta a la historia descubrir la verdad! "Pues para los que vienen más tarde, el tiempo pasado se interpone, y roba el conocimiento de los hechos; y las relaciones contemporáneas de las vidas y acciones, o bien por envidia, o bien por lisonja y adulación, corrompen y desfiguran la verdad" palabras de Plutarco, ecléctico por más señas, que vienen a corroborar que el consejero más sabio es el tiempo.

II

Hombre prudente: Aquel que piensa que los enemigos nunca son irreconciliables.

Hombre prudente: El que busca siempre un asidero en cualquier circunstancia que le permita seguir el viaje, al estilo de los buenos atletas.

Hombre prudente: Aquel que desconfía de los hombres que se pasan la vida hablando de justicia y de justos y, para ser fariseos sólo les falta el poder.

Hombre inteligente: Aquel que sabe vencer y aprovecharse de la victoria.

Hombre inteligente: El que utiliza una calamidad para hacer prueba de los amigos.

Hombre virtuoso: El que entiende que la envidia —compañera inseparable de la vanidad— emplea la seducción para lanzar los más bellos elogios: aquellos que producen daño.

Hombre virtuoso: Aquel que comprende que hasta la belleza está sembrada por la lucha y la desigualdad.

Hombre cabal: El que piensa que la sed insaciable de la ambición desmedida es una lascivia que envenena la palabra.

Hombre justo: El que sabe perdonar el daño que le ha hecho el prójimo... y también el que se ha hecho a sí mismo.

Hombre sabio: Aquel que afirma que hay que poseer disciplina, constancia, voluntad del camino a seguir. Hay hombres que tratan de apartar a otros hombres del camino con el pretexto de librarles del peligro. Hábiles seductores que lo único que persiguen es que esos otros se pierdan definitivamente.

Hombre sabio: El que arguye que no hay mayor miseria del alma que negar al prójimo para autoafirmarse.

Hombre débil: Aquel que no ha dudado lo suficiente.

Ante los sucesos en que nada hay —a priori— de siniestro u oscuro, precaución y desconfianza.

Ante las calamidades, semblante tranquilo, paso sosegado, palabras amables: alma llena de vigor y poder.

El que no vacila ni se aparta un ápice de su propósito se convierte en el hombre con más firme juicio y mayor constancia.

Y aunque de verdad se trata, esta se funde y confunde en múltiples perspectivas con el engaño; la ambigüedad misma de la vida. Un embolismo donde los ojos en vez de observar miran y no ven: envidian de manera inconsciente. Si observaran iluminarían aquello que ven y, por consiguiente, podrían admirarlo. Por ejemplo, una cuestión es creer en otra vida. Otra creer en la inmortalidad como algo que trasciende; quedar en el pensamiento de los que a uno le sobreviven. Por tanto, hay que alejarse de oír tonterías y, aún más, tolerarlas. Y tolero que algún lector avispado piense que esta especie de monólogo que, a medida que escribo parece ser que se produce, inserta pensamientos de esto y aquello y contra esto y aquello en un diálogo que mantengo conmigo mismo sin un camino definido. Pero ¡ah! Este monodiálogo —vocablo que tomo de uno de los más ilustres pensadores que ha parido este mundo, Miguel de Unamuno— sólo persigue ilustrar de dónde venimos y proponer ideas para el por-venir a sabiendas de que formo parte de una correa de transmisión para que el humano se tome el trabajo de pensar, estudiar, estar revestido de creatividad para hablar verdaderamente de progreso. Por ejemplo, la lectura. No basta con leer libros que están hechos de multitud de palabras, hechos, documentos... pero pocos de ideas. Hay que buscar aquellos ejemplares que incorporen en su interior invención, creatividad que alguna vez sucedió, sucede o sucederá. Que la propuesta para el escritor y el lector sea entablar una conversación que no se embriague de los ensueños de antaño, donde las palabras y pensamientos no estén presos de la vacuidad y los silencios no sean más que murmuraciones embozadas. Sino la propuesta quedará relegada a alimentar algo que está muerto antes de haber nacido. Mezquina manera de pensar que emponzoña todo con sustancia venenosa.

No cabe preguntarse tanto el ¿por qué? sino ¿para qué? como un susurro apacible, delicado y, al mismo tiempo, demoledor.

Triste melancolía, exhalada del callejón de la desidia. Arreboles de la tarde reflejados en una larga cabellera negra Arrastrados a un río de vanidades que se entrega a un mar de naufragios. Desmayo de la conversación donde para no ser como los demás, tampoco son ellos mismos. Confusión al borde del abismo, búsqueda vertiginosa y mareante de la liberación donde la propuesta es despojarse de la hipócrita conciencia de la esclavitud de las palabras, o, simplemente tomar el camino de la fuga.

¡Ah la libertad! ¡La libertad no existe!

Todo lo más es un encadenamiento a lo que se desea. Y todavía no es verdad, ni siquiera real, simplemente un deseo. Y siempre viene cuando se la llama Y toma la forma del Amor y se convierte en Verdad, cuando se le quiere, cuando se le mira a los ojos, cuando de él se ama... el Amor.

El amor, compañero inseparable del odio. Dos fuerzas colosales separadas por el fino hilo de la pasión. Esa que como agua poderosa del océano abraza por entero el espíritu. Estremecimiento de la vida a la hora de jugarse la existencia. Fuerza del pundonor y orgullo de la constancia, más fuerte que el desengaño. Aquello que se realiza con pasión resulta ser lo más razonador posible. Por eso que resulta muy difícil hablar al alma del prójimo. Y, por eso, resulta imposible hablar al alma de uno mismo. Y aun así, si de hablar al alma se trata, el cuento, la metáfora, la paradoja son magníficos instrumentos para escudriñar sus entrañas en un verdadero salto de un concepto a otro en constantes transiciones bruscas. Caótico y fragmentario cuyo denominador común sea la antítesis: verdadera forjadora del pensamiento de acción. ¡El Amor al que anteponemos el amor propio en forma de egoísmo! Amor propio solo dominable aprendiendo a conversar con ingenio; aunque lo ingenioso no siempre sea sólido. Por eso sólo espera al Amor aquel que le tiene dentro de sí, como esa sequedad abrasadora que resquebraja cada trozo de tierra, mientras que por debajo de sus raíces corren manantiales de agua viva.

III

Paradojal como la vida misma. Esa imposibilidad de volver atrás, momento que cuando se piensa se torna irreversible, se consume sin dilación; y al mismo tiempo esa posibilidad de interpretarla nuevamente, asumirla una vez más y buscar un nuevo sentido a la misma. Un pensamiento que funcione como método de conocimiento, en definitiva, una filosofía de la vida. Una búsqueda en la oquedad del alma, ese lugar ingrato para la mayoría de los mortales, en donde se encuentra el recuerdo a los muertos; lugar que se recomienda no visitar, aunque dicho lugar, en muchas ocasiones, nos gobierne. La muerte separa... y también une. Hay sujetos que mantienen pendiente una conversación hasta el encuentro con el blanco manto de la muerte, ese único imposible, insalvable. El resto puede ser modificado. ¿Por qué? Porque tiene que ver con la vida, ese rayo de sol, cuyo propio fuego le consume. Ese anhelo, esa búsqueda de la pura verdad que conduce al encuentro con la Muerte. Momento vital donde se pierde el tiempo cuando se busca el tiempo perdido.

Tiempo histórico donde la historia para ser historia debe de explicar la distancia que separa entre lo que sucede y pasa y lo que se hace y queda. Explicación que a modo de conversación del mundo debe ser una creación (producción) en el tiempo, donde su máxima sea la creatividad —facilidad para inventar o crear—. Este "contra-tiempo" para la mente humana se convierte en problema y, por ende, en una dificultad como en la antítesis. Transformar el pensamiento en esta encrucijada equivale a transformar el problema en un proyecto. ¿Qué? Eso, empezar a conversar sobre un proyecto que tiene que ver con construir, con crear y no tanto con búsqueda de soluciones que es una derivada de lo anterior. Se resuelve haciendo, andando el trayecto que une dos puntos, cambiando de posición —ante una piedra en el camino sino la puedo retirar, tendré que dar un rodeo para seguir mi camino— o como dice el genial poeta Menassa "sino puedo cambiar las cosas, tendré que cambiar yo". Cambio para entender que sólo con la acción-ejecución se resuelven los problemas. La historia camina sin cesar, por tanto, está viva.

Y en esta complejidad hay que introducir una variable: el azar. Dejó escrito Miguel de Unamuno que "hay que aprovechar el azar, ya que, no es otro el arte de la vida en la historia". Azar que a mi modesto comprender entiendo a la manera del poeta Pedro Salinas en el sentido que guarda con el destino. Como en el juego. El hombre —jugador— debe de poseer la habilidad de abandonar a tiempo la jugada —sino tiene solución— para empezar inmediatamente otra. Así es el arte de la vida.

Conceptismo como forjador del pensamiento más excelso que, junto con la paradoja se convierten en pilares fundamentales de la filosofía, literatura, poesía, donde la verdadera historia de los hombres es la expresión de sus almas como tema y trama principal y, en la cual, la descripción de los paisajes y escenarios deben de pasar a un segundo plano. La forja de esa historia es una lucha permanente —agonía en el lenguaje de Unamuno— que empieza por uno mismo. En uno está el amigo y el enemigo, el que a uno le construye y le destruye. Y a partir de ahí, todo es paradojal. Por eso que el porvenir, por ejemplo, es nada y es nuestro todo. Ese uno mismo, yo íntimo con su propia historia, en contraposición al otro histórico, el que vive un momento de la historia… con su historia, donde los problemas individuales del sujeto son estrictamente individuales. Todo pertenece a la historia, como en esas ciudades donde resulta prácticamente imposible refugiarse en algún rincón que esté fuera de la historia. Sin elogios, sin falsas complacencias, lejos de cualquier intento eufemístico y, siempre con argumentación.

Para buscar algo es siempre en función de algo donde, a su vez ese algo tiene relación con otra cosa. Una especie de tela de araña donde las ideas están interconectadas en un espacio infinito y los conceptos siempre contrapuestos midiendo sus fuerzas en una balanza regida por el tiempo histórico. Así, el hombre busca la paz en tiempos de guerra o la libertad en épocas de tiranía. Tiempo histórico que quiere decir que el hombre vive en los demás, en la historia. Poseer una concepción histórica de la historia, es decir, los hombres hacen a las cosas en oposición al materialismo histórico que entendía que las cosas hacen a los hombres. Si los hombres dejan huella de su paso por la vida, marca indeleble de su obra, adquieren patente de inmortalidad, de pertenencia infinita a la sociedad.

Inmortalidad del alma, esencia social. Y no hablo de la muerte que es un acto puramente individual, una expectativa de la resurrección de la carne, es decir, ocupar el vacío generado por la muerte de Dios. La inmortalidad como social, pervive en otros, es historia y contribuye al progreso.

Concepción histórica de la historia cuya principal virtud debe de consistir en que el conocimiento humano debe de encaminarse por los vericuetos del camino de la Verdad. Se me puede achacar a este entusiasmo mío respecto de la Verdad un cierto endiosamiento pero, nada más lejos de la realidad cuando me pregunto, querido lector, por cuestiones como las que siguen y que, transforman la realidad y producen Verdad en el momento:

¿No son formas disfrazadas de amor el odio y la envidia? o ese convencimiento pleno del pensamiento ateísta en cuanto a la no existencia de Dios ¿no será que el verdadero ateo está enamorado de Dios y lo busca sin cesar? Preguntas que dejo a la meditación de todo aquel que está leyendo este ensayo pero que pone de manifiesto que nunca son las cosas lo que parecen, que pueden ser de otra manera y que la verdad de ellas se produce en cada momento transformando por consiguiente la realidad. No creer también es una forma de creer. Una negación que conduce a una afirmación que permite al pensamiento seguir... pensando. Por ejemplo, el término "scepsis" —escepticismo— entendido como la lógica del pensamiento tendente a separar lo evidente de lo que no lo es. También, por qué no, puede ser la búsqueda y el estudio para ver qué solución se puede encontrar aunque exista la posibilidad de no encontrar ninguna. Abandonemos de una vez el dulce manto con que nos arropa la pereza y el placebo: no se enseña historia. Saber historia es un descrédito. El sujeto, en general, vive al día y apenas le importa lo que ocurrió no hace ya tiempo, sino ayer. Aquellos que se preocupan por saber, aprender, tener y conservar la memoria, no tienen lugar en el mundo presente. ¿Qué es entonces la cultura? ¿Cuál su diferencia con la formación? Bueno, dejaré esta erística para otro lugar y ocasión.

IV

La razón es del orden del entendimiento. La creencia del orden de la fe. La razón es al escepticismo como la fe al dogma. La razón, un estado de equilibrio en permanente inestabilidad. La creencia un estado de sufrimiento agónico, es decir, de lucha permanente. Creencia que pertenece a un estadio anterior al convencimiento —nunca se está seguro del todo— de manera que no está al servicio de la verdad. Someterse a la duda (scepcis) para que la lógica sea una dialéctica-polémica cuyo ingrediente principal sea la facultad de contradecir y ser contradicho; un estado entre la tesis y la antítesis cuyo fin último sea un pensamiento evocador cuya hija sea la puesta en acción. Una victoria y esto resulta de vital importancia, de la razón sobre la fe. Y todavía estamos en la siembra del pensamiento, lejos de la cosecha de las ideas. Como afirmaba Paul Valéry "la esperanza no es más que la desconfianza del ser respecto a las previsiones de su espíritu. Sugiere que toda conclusión desfavorable al ser debe de ser un error de su espíritu". No es tanto la percepción de un pensamiento útil como el miedo a lo desconocido, es decir, a transformarlo en una idea madre del proyecto. Por tanto, pensar todavía es del orden de la duda...

Afirmaba Unamuno que la verdad "es algo colectivo, social, hasta civil; verdadero es aquello en que convenimos y con que nos entendemos" en clara contradicción con el pensamiento platónico que piensa que la razón es una tarea social mientras que la verdad es una tarea individual. Por eso que la razón une y la verdad separa. ¿Acaso lo que Unamuno definía como verdadero y Platón como razón no es, en fin, realidad? De esta manera no existiría contradicción. Incluso podríamos ir un poco más lejos afirmando que esta contradicción es un estado de ánimo en un momento dado. Y no resulta ser ninguna quimera, dado que el alma es pura contradicción, por tanto, tendente a la anarquía. Y es en este momento donde la ciencia retuvo como mejor aliada a la religión en aras a conseguir combatir esa anarquía con el propósito de que no cayera en la barbarie. Establecer unos márgenes o mejor expresado "hacer ley" donde la justicia es todo principio que inclina a obrar y juzgar respetando la verdad y la moral, génesis filosófica que estudia al hombre respecto del bien y del mal; donde el bien no es la causa de todas las cosas sino sólo de las que están bien.

Ya he afirmado que creer es creer y no creer. Y primigeniamente hablando fue palabra, por tanto, para el oído. La letra se ve. Más fácil de transmitir y de creer en la palabra que en la letra. Palabra que pasa de oído a boca y de ésta nuevamente al oído que no deja más huella que una estela en el espacio. La letra impresa queda, deja su impronta aunque el papel también se lo pueda llevar el viento. Y aunque se hable de palabra y letra, es decir, de vida, se da la paradoja de que esa vida está presidida por la historia, regida por los muertos, por la palabra y la letra que éstos nos han legado.

La fe, la creencia, la confianza en uno mismo debe de ser un gesto de humildad. Conocer que no re-conocer, es un estadio superior donde por ejemplo, la lucha de hermano contra hermano es una contienda que empieza en el propio alma. Así podrá alcanzar el espíritu el nivel de excelencia del que hablaba Platón. Para un hombre de razón clara y sentido objetivo su fe es la creencia. Y sólo cree aquello de lo que previamente está convencido. Es su sentido propio que, como tal, aporta ideas y pensamientos al sentido común. Y la paradoja es la mejor herramienta —la Athena— de ese sentido propio que actúa como elemento correctivo del sentido común. Y como el más eficaz elemento de progreso.

Por eso que hay que tomar la distancia adecuada

respecto de las etiquetas. Si afirmo que soy platónico no significa que comulgo con los pensamientos del filósofo Platón. Es ser Platón, hacerse Platón, que se sienta en mí como yo me siento en él. ¿Prueba irrefutable de la inmortalidad del alma? Solo se conoce si, después de muerto, se revive en otros. Por esto, que el Platón filósofo no es el Platón histórico. El primero fue el que produjo los postulados de su teoría. El segundo aquel que vivió en los que lo oyeron, lo estudiaron y, a través de ellos, dejó impresa su alma en la humanidad.

Y esto de que hablo es vivir la verdadera vida. Con intensidad y apasionamiento. La vida como la entiende el hombre medio, es esa desnudez falsamente vestida, ese pensamiento coetáneo inherente a la debilidad de los mediocres, compañera inseparable de la compasión. Compasión que, como tal, ejerce en la sociedad un efecto multiplicador de la miseria espiritual y continuista de la misma, provocando un resentimiento que porta en sus entrañas la envidia.

Y esto y aquello de lo que escribo desde la atalaya donde estoy instalado es como la contemplación desde la cima, ese instante, el más silencioso de todos; momento sublime cuya observación produce vértigo. Desde aquí se reconoce que la grandeza del hombre descansa en reconocer que su vida es un tránsito y no la meta. Tener el coraje de aceptar que cuando el caos preside la vida, se está a punto de parir un destino rutilante. Si se es capaz de pensarlo, proyectarlo. Y eso, es un hombre.

¡Le pido a mi humildad que sea compañera impertérrita de mi inteligencia. Y si algún día la abandona que perezca en los brazos de la necedad!

Que la virtud presida los actos del hombre. Vocablo expresado en su más puro sentido etimológico como capacidad, fuerza, potencia del ser humano. Virtud que ponga en entredicho esa moral igualitaria que realiza una labor negadora de la vida, habida cuenta que la desigualdad tiene un carácter inherente al hombre desde su nacimiento. Virtud que enfrente al progresismo —no al progreso— que afirma que fue un error la filosofía dogmática, cuando fue constructora y forjadora de una filosofía para el futuro.

V

Filosofía del futuro que Nietzsche denosta a través de su teoría del eterno retorno de lo idéntico donde "el resultado de cada una de las jugadas es lo que va configurando el destino, un destino que el individuo creador asume y quiere como propio, porque no es otra cosa que la más completa afirmación de su voluntad". El genial filósofo alemán plantea una contradicción en sí misma: si el individuo acepta la vida como juego, asume un resultado que marca cada jugada que realiza y que conduce su destino; destino que toma en propiedad. Si el sujeto es dueño de su vida, es responsable de sus actos y, por ende, está implicado en cada movimiento que hace. Y además, jamás conoce su destino, lo más lo intuye y sólo si confía en su anteojo —que no en el ojo— tendrá mayor acierto en los resultados producto efecto de sus decisiones. Claro que es el eterno retorno pero no a lo idéntico. Si fuera así, el hombre estaría cultivado por la estupidez y la necedad. Es en ese volver a pasar por caminos similares —nunca idénticos— a los anteriores que el sujeto se "juega" para hacer de otra manera. Y depende de cómo baraje los naipes obtendrá un resultado distinto. Cuando se vive una determinada situación siempre existen señales que muestran el camino correcto. Y esas señales son del orden de la causalidad y no de la casualidad como se piensa comúnmente. Por eso que nunca es lo que es, ni siquiera lo que parece; por eso que la realidad queda transformada a cada instante y por eso que la verdad se construye con cada paso que el sujeto da sobre la tierra antes nunca hollada. Y todo ello con la duda como compañera indeleble de viaje, en tanto en cuanto, ella es siempre pensamiento que no debe confundirse con el pecado. La duda sería del orden de la ética y el pecado de la moral. Por eso que la duda es un enemigo endemoniado de la fe.

Y aquí vuelvo a sembrar la polémica: la ética sería un comportamiento conforme a la razón, mientras que la moral, cuando menos, estaría alejada de planteamientos científicos, habida cuenta que no posee datos ni pruebas para su contrastación, por tanto, sería un comportamiento conforme al espíritu. Si el espíritu es el principio generador o sustancia de algo, el gran dilema —ambos conceptos emanan del alma— es discernir cuando es uno y cuando otro. En esta locura de ideas siempre hay algo de razón. Y un tanto de nobleza para crear nuevas cosas aferradas a la virtud, en detrimento de la bondad sujeta a las cosas viejas que precisa conservar.

Y desde esta atalaya, a solas que no solo, esta soledad es el paraíso del pensamiento y la creatividad frente a la plaza pública que es el mundo humano, presidido por la maldad, la perversión y la injusticia. Va en su naturaleza. Hay que estar contento de que entre tanta maldad, tanta perversión y tanta injusticia se abra un espacio para que exista la justicia y la virtud; que actúan en todo momento como contrapeso y balanza al mismo tiempo. Quiero decir que frente a la mordacidad que muerde con dientes robados —secundada por la mentira y la futilidad— se encuentra la virtud —brisa perfumada de océanos insondables— que dice: es posible, todavía una vida libre a disposición de las almas grandes.

Se me criticará de pesimista y apocalíptico. Mire sesudo lector, si el mundo fuera bondadoso y justo no nos haría falta el Paraíso… ni el Infierno. Nos han hecho creer una quimera. Y peor: hay quien confía que es así. El humano sólo persigue su propio interés personal e intransferible y cree que su destino es tener que soportar la venenosa injusticia. ¡Bendita justicia que, de vez en cuando, manejas con la diestra el látigo de la virtud para echar del templo a fariseos, aduladores y plañideros! Justicia que el hombre entiende y aplica desde siempre bajo el criterio de hacer bien a los "amigos" y mal a los "enemigos". Justicia colocada en el centro teniendo a su diestra la injusticia del que la comete y a su siniestra la injusticia del que la sufre. Por tanto presidida por un cierto convencionalismo de un parecer más que serlo. En este punto se abre una erística entre justicia e injusticia cuando lo que se juega son valores del orden ético o moral. Hay un componente vital en este debate: la intervención del dinero que relativiza cualquier pensamiento o idea.

¡Santa verdad que en tus apariciones demuestras que el futuro y lo lejano son la razón de ser del presente, mirando de reojo el pasado!

Una primera aproximación de la justicia a la verdad: hacer lo que corresponde a cada uno del modo más adecuado sin perjudicar al prójimo.

¿Injusticia? Lo inverso. Voy dando pasos, querido lector, en el sentido de no tener una definición de justicia pero sí de cómo usarla y, sobre todo, de lo que no es. Ni el ojo, ni la vista ni la luz son la misma cosa. Pero hacen falta los tres para ver.

Pesimista y apocalíptico es aquel que piensa que la humanidad camina hacia su final, que carece de meta. ¿No será que ese pensamiento todavía no ha ingresado en la humanidad? Porque el creador ha tenido que ser antes destructor. Y si cambian los valores es porque cambian los sujetos que los crean. La masa, cuando cambia, sólo lo hace de posición respecto a otras masas. Porque quien busca se pierde con facilidad. Quien no se ha perdido nunca, puede que esté perdido para siempre. La conciencia de uno mismo impone la propia voluntad como ley. Ley que tiene juez y guardián. Y todo dentro de uno mismo. Todo un reto para producir crecimiento y, por ende, creatividad. La virtud enroscada en los brazos de un alma inteligente es conocimiento, pensamiento, poder.

El filósofo más poderoso siente con igual fuerza las situaciones más opuestas; piensa ahora esto y a continuación lo contrario. Esto y aquello y contra esto y aquello. Con esta visión es capaz de percibir el fondo de la verdad que existe en las más opuestas ideas: la contradicción, la antítesis, la paradoja... y desborda la imaginación al encuentro con el desencuentro. Este espíritu ecléctico le permite partir de planteamientos dogmáticos que, aunque carentes de riqueza imaginativa en la génesis, resultan ser la base sobre la que se asientan los cimientos de las teorías pragmáticas. Busca incesantemente las ideas sobre el principio de que a un pensamiento hay que sumarle otro, que venga a enriquecer y mejorar lo anterior. Si no, no existe progreso. Si no la historia se anquilosa. Si no el pensamiento queda encerrado en palabras e ideas anteriores, tolerando una cierta locura en el pensar; un algo indispensable para reconocer esas partículas de genialidad que existe en toda alienación.

El pensamiento verdadero siempre busca la verdad entre los vericuetos de la burla y la torpeza, parientes del recelo y la envidia, hijos de la vanidad. Busca que la historia sea educativa resaltando esta cualidad en lo social. La sociedad actual ha sustituido al hombre concreto por el hombre abstracto y ha confundido progreso con civilización. Para poder pensar es necesario que existan dos: Yo y el Otro de mí. Y para poner en movimiento ese pensamiento hace falta un tercero: Otro fuera de mí. Y este mínimo de tres han de estar "descabezados", quiero decir, la mente libre de pre-juicios y pre-valoraciones, capaces de establecer un diálogo socrático
—libre, sin estructuras, sin condiciones previas— sembrador de inquietudes. Conversar tranquilamente donde los términos que se manejen acerquen a algún tipo

de acuerdo. Si no, no hay diálogo y sin éste, no existe conciencia. Las flores más hermosas son las que surgen en el desierto entre las rocas. Promover y fomentar la conversación, el intercambio y el cambio de ideas para ser no tanto un hombre perteneciente a la sociedad como un hombre "de mundo". ¡No hagamos de la ignorancia y la superficialidad una profesión! ¡Del modernismo una moda! Términos todos, efímeros, impregnados de inmediatez. Al cabo de un tiempo no muy lejano pasan a ser decadentes, anticuados, grotescos y son sustituidos por otros modernismos. Universalidad como atemporalidad que lleva impresa en su ADN la eternidad.

VI

Un volver sobre lo dicho anteriormente: empezar a pensar que el elemento más genuino y eficazmente revolucionario, es decir, la palanca más poderosa de todo progreso debe de estar sustentada por las ideas de que los dioses —de cualquier índole— son una creación humana (es la mejor representación de la dicotomía espiritual: la política que suele ser escéptica y la mística que cultiva la pasión; la perfección de la tesis y la antítesis; revestidos de un carácter de invencibilidad y de eternidad); que la inmortalidad existe cuando el humano pervive en los demás (la filosofía se topa con la muerte como condición necesaria de la vida; más allá de aquella, la filosofía es eternidad) y que la ciencia se termina convirtiendo en una validación de la fe.

Lo que verdaderamente produce pánico y vértigo en el hombre no es el pasado, ni el presente, ni siquiera la muerte en sí; es el futuro, inasible, inabarcable, inhóspito y desconocido que irremediablemente hay que explorar y pensar, donde las ideas hacen camino. Y esto, es una Verdad incuestionable, insobornable e inconmovible cuya Virtud principal para el sujeto es alcanzar la maestría de la Incertidumbre aderezada por los átomos de la templanza. Futuro sí, que conduce inevitablemente al encuentro con la muerte, verdad irrebatible que el hombre intuye, ve, hasta un segundo antes de expirar, después... ¡Ah Dios quisiera que me concedieras en ese momento un último deseo, una locura sin igual: ser el primer hombre en enamorar a la Muerte y poderlo escribir!

El hombre que se precie de tal debe de tomar parte en la contienda humana. Enfrentar situaciones en las que la cuestión humana está en juego. Y para ello, debe de trabar contacto con la superficialidad y la ignorancia en aras de cruzar los parajes que conducen al encuentro con las ideas y conceptos propios y concretos. Y es en ese lugar donde el pensamiento debe de sustituir, complementar, corregir o aumentar una idea por otra —si volvemos a pensar en él— con el fin de romper el encapsulamiento en el que se está capturado. Salvar esos versos de la poesía que dice: "soy prisionero de mi pensamiento/ estoy custodiado por palabras anteriores". Vivir una vida donde estar a la altura del destino, es decir, obtener de la desesperación misma, esperanza; saber leer la realidad exterior con la mayor objetividad. Y aunque esto suene a perogrullada, es cierto, que lo que cada sujeto entiende por realidad exterior, en sí misma, no deja de ser, en la mayor parte de las ocasiones, la representación que cada hombre tiene de ella donde es su propia voluntad la que busca motivos para pensarla de esa manera y no de otra; para ello, dicha voluntad cubre bajo el antifaz del pretexto lo que en realidad es un motivo.

En ocasiones, se confunde lo profundo con lo complejo. Y hay que tener la valentía de enfrentar la situación. Pero ¿qué es la valentía? ¿Fuerza física, dotes de mando, liderazgo? ¿O mejor pensar nuestro valor en lugar de ser valientes? Ese poder de conservación en toda circunstancia y momento de la opinión correcta y legítima. Como decía Platón "es peor cometer una injusticia que sufrirla".

Contemplo estos pensamientos y, por consiguiente, su escritura como atemporal, es decir, perteneciente a la universalidad, a la historia, a la eternidad. Quiero decir desde la más absoluta humildad y apego que estoy cultivado por los grandes escritores, pensadores y filósofos inmortales y no por la inmediatez y moda de las ideas. Escritura hablada como una propuesta para que mi interlocutor (lector) entre esas frases que conforman párrafos sueltos, llenos de anacolutos fomenten en él excitación del ánimo, convulsión de la conciencia. Espero sin acritud y sin desdén no cejar en este empeño mío de que este camino que emprendí hace algunos años fruto del trabajo y del amor se salve del olvido, cuyo espíritu perdure vivo y que, después de mi muerte, quede en depósito en manos de mi familia, de mis amigos, de mis lectores y de algún discípulo despistado, es decir, que mi alma se haga presente en ellos. Entonces, al fin, habré vivido.

VII

Para llegar a un verdadero saber, es necesario el abandono de prejuicios y creencias no razonadas. Deshacer presuntos saberes que esconden pasiones inconfesables. Despertar de esa especie de duermevela en que el hombre se encuentra instalado para que la máxima délfica "conócete a ti mismo" en palabras de Sócrates "no sea la búsqueda del auto-conocimiento individual — aunque también— sino la búsqueda de la mejor parte del hombre". Los sofistas en la época de Sócrates contribuyeron a estas reflexiones sobre el hombre y la sociedad. ¿Son las costumbres y leyes un simple acuerdo, una convención o son naturales? De aquí el surgimiento del relativismo que vino a poner en tela de juicio el estado de las cosas como estaban. No era tanto buscar explicación a lo que pasaba sino estudiar la posibilidad de que hubiera otras explicaciones a los distintos sucesos acaecidos. Por ejemplo, el placer perturba la razón, esclaviza ésta a los objetos y los hechos. Darse cuenta de esto —que le pasa a todos los humanos— produce una desviación en el pensamiento para tener una mirada nueva de la propia mirada. Pensado así, la realidad queda "desrealizada" y la verdad es otra verdad: la producida en el momento presente.

Así pues, la cuestión humana está en juego. No hay que seguir los dictados de la mayoría en las cuestiones que atañen a nuestra vida. Hay que atender sobre todo, a los sabios pasados y presentes apreciando tanto las críticas y alabanzas que de estos se recojan. Discernir las opiniones y no conceder el mismo valor a todas ellas. Las críticas de la mayoría no son del orden del crecimiento sino de la eliminación del individuo y las alabanzas puro interés egocéntrico. Muchos hombres se conforman con el barniz fabricado de opiniones y, la ignorancia se convierte en arma peligrosa cuando no posee conciencia de sí misma y respira aires de ciencia. Ni que decir si va de la mano de la audacia. Convierte todo en una hipérbole de las circunstancias.

¿Sofismo como argumentación falsa o como enseñanza del sentido de las palabras? ¿Helenismo como argumento donde el ser humano es entendido exclusivamente como sujeto social? ¿Relativismo como conocimiento determinado por las circunstancias históricas? Doctrinas todas ellas dogmáticas cuyo desarrollo contribuyó —yo diría que continúan de rabiosa actualidad— a crear un horizonte sobre la historia. Aunque para ello, hiciera su aparición la aporía que ya no abandonará jamás al hombre.

¿Las ideas en principio son supuestos? Rotundamente sí. Por ejemplo, ¿hay algo más temeroso que la muerte? Para los griegos era la vejez. Esa parte de la vida a la que hay que encontrarle un sentido, excelente momento para la revisión de todo tipo de ideas: ley, moral, poder, justicia... etapa en la que alejar temores que permitan marchar en paz y calma al Hades. Época donde la ambivalencia del alma imprime su sello con más fuerza: al que así se le llama se agravia de que lo tengan por viejo, momento al que todo el mundo quiere llegar. Y cuando se es de esa condición nadie quiere parecerlo, se niega, se desmiente... Para unos resulta ser un premio, para otros apremio. Para unos un agradecimiento por haber llegado, para otros una tormenta que atormenta. Si de premio se trata —léase privilegio— el viejo en sus cosas actúa con paciencia, que no cansado, flemático sin más, pausado y prudente. Sin embargo, si de apremio se trata —léase obligación— el viejo no reconoce su condición de tal y convierte su vida como la del avaro y miserable que vive pobre y muere rico. Lugar para la eterna dialéctica humana: el bien y el mal, lo injusto y lo justo que perfectamente define Platón "puesto que no sé qué es lo justo, muchos menos he de saber si es excelencia o no, ni si quien lo posee es feliz o infeliz" para llegar a una afirmación: la injusticia, el mal, son inevitables. Hemos de sentirnos felices que entre ellos se encuentren el bien y la justicia. Lo que pasa es que en más ocasiones de las que creemos nos comportamos como desesperados que buscan algo que tienen entre las manos. Justicia y bien están más cerca de nosotros de lo que pensamos, lo que ocurre es que no hemos dirigido nuestra mirada hacia ella, sino que la hemos columbrado desde la distancia y, por tanto, ha permanecido imperceptible a nuestros sentidos. Para cambiar de vida basta con cambiar la orientación de la mirada. Las cosas bellas son difíciles.

VIII

Y aunque la Verdad impere, en tanto en cuanto es creación de cada momento, no debo soslayar ni cuestionar el hecho de que la mentira sí está en todo momento. Es elemento común, vital en la existencia del hombre. Va en su naturaleza. Es la que dota de credibilidad a toda verdad. Mentira que hay de las palabras y del alma. La "verdadera mentira" es la del alma, utiliza como principal ardid el engaño y lo peor, se instala en la misma, perturbando el espíritu. La mentira de las palabras es un espejo de la del alma, útil frente al prójimo y tremendamente sibilina en su afán por acercarse lo más posible a la verdad. Si sería adecuado mentir por razones de estado, por ejemplo, es materia para tratar en otro lugar.

Ese acercarse a la verdad como la sabiduría y el dominio del alma que libera de las cadenas de la pasión y el deseo, perturbadores de la vida. Esa verdad, ese bien preciado que no se encuentra en los objetos externos. Porque la mentira no se conoce a sí misma ni a la virtud, actúa de manera maquiavélica; sin embargo, la verdad necesita identificar la mentira y alcanzar un conocimiento simultáneo de ella misma, es decir, conocer los enemigos que hay fuera de ella y los supuestos "amigos" que tiene en su interior: todos desean el mismo fin. La excelencia sería ese equilibrio inestable entre los márgenes del pensamiento que sólo se consigue con un continuo aprendizaje desde que nacemos hasta que morimos. No se puede, o mejor dicho, no se debe poner fin a todos los males que se producen y reproducen como cabezas de Hidra mediante la creación de códigos y más códigos. Y si hablamos de la sociedad, del hombre social, la educación como principio inspirador acerca de lo más conveniente para dicha sociedad y para el individuo.

La templanza como estandarte de la vida. Ese "conócete a ti mismo" como santo y seña donde en el alma de cada hombre debe imperar lo mejor sobre lo peor, aunque Platón mantenga que ser "dueño de sí mismo" es también "ser esclavo de sí mismo". Pero ahí reside la mayor libertad del sujeto: encadenarse a lo que él quiera. Templanza que viaja al lado de la moderación, esa que produce como escribió Platón "un canto unísono de los más débiles, los más fuertes y los intermedios —en inteligencia o en fuerza o en cantidad o en fortuna— de manera que podríamos decir, con todo derecho, que la moderación es esta concordia y esta armonía entre lo peor y lo mejor en cuanto a cuál de los dos debe gobernar". Y se trata de argumentar no de contender; despejar del pensamiento y del razonamiento las argucias que utilizan como arma la contradicción sin peso ni volumen y tener esa escucha de las palabras y de lo que entre las palabras se dice. ¡Cuánto se aprende de la filosofía, que para llegar a ser sujeto social impone como premisa primera la capacidad de hablar consigo mismo! ¡No abandonarse en los amantes brazos de la opinión! Por ahora, tienen que bastar estos argumentos. Como escribió Hesíodo "muchas veces, la mitad vale más que el todo".

Porque el que abraza la filosofía transforma su vida en otra. Ama el espectáculo de la verdad y no arrienda los oídos al placebo y la pereza, sino que de manera voluntaria participa de discusiones y estudios serios. Se convierte en amante del conocimiento, de lo múltiple alejado de toda opinión que en su naturaleza "opina" sobre lo que es y lo que no es. Quien es capaz de vislumbrar las cosas verdaderas debe de estar en condiciones de columbrar la Verdad en sí. Por ejemplo, ¿la razón y la fe van de la mano? Sin razón no se puede pensar versus determinar. Sin fe no se puede creer versus confiar.

Por consiguiente, la respuesta es sí. Hay naturalezas de almas que imitan la naturaleza filosófica, sin advertir en cuánto difiere realmente la naturaleza de lo necesario de la de lo bueno. Por eso, lo que la multitud censura y sentencia en muchas ocasiones corrompe con mayor facilidad a naturalezas fuertes y no tanto a las mediocres. Las naturalezas mediocres y débiles sencillamente son educadas y conformadas al antojo de esos poderes al servicio de una multitud previamente instruida en el vasallaje a sus intereses.

El sujeto humano es perverso por naturaleza. Siempre disponible para conversar con la tentación y la corrupción como pulso y medida de las cosas en el mundo real. Como diría Baltasar Gracián piensa de las cosas siempre su contrario, su revés. En este caso debido a su imperfección no es sólo real la medida de las cosas en el mundo real, sino la verdad construida en cada momento; la verdad de la tentación y la corrupción.

Metafísica de lo profundo y lo complejo para descubrir la falla existente entre lo que se ve y lo inteligible: la vida no debe cuidarse sólo y exclusivamente a la percepción de los sentidos, sino hay que poner la inteligencia al servicio de la misma. Un ejemplo ejemplificador: la música.

¿Qué hubiera sido de ella si para la percepción de dos notas y su intervalo solo se hubieran utilizado los ojos o los oídos? Atravesar todas las dificultades en medio de la batalla. Y realizar esa marcha con un razonamiento que no decaiga, abandonando la ignorancia e ingresando en el conocimiento.

Un consejo para el arte del vivir: alejarse de la adulación. Tener gusto por la dialéctica como búsqueda de la verdad y no la contradicción como juego. Todo ello con mesura y templanza. Probar al Otro en estos menesteres para ver si permanece firme, cuando desde todas direcciones se lo quiere atraer, o bien si se mueve.

Un hombre que alcanza la excelencia que denominaré "aristocrático" —en el sentido platónico de "el mejor"— es aquel que con conocimiento y razón consigue la riqueza y la victoria no para hacerle dichoso ni su posesión ni el uso de ellas a su libre entender, sino el saber usarlas bien. El alma íntegra alcanza su condición más valiosa al adquirir la moderación y la justicia junto con la sabiduría. O como mejor definía Quevedo "no es filósofo el que sabe dónde está el tesoro, sino el que trabaja y lo saca. Ni aun ese lo es del todo, sino el que después de poseído usa bien de él". Y el encuentro con ese tesoro es el encuentro con otra vida, que es posible, con amor y trabajo; una riqueza espiritual que permite al sujeto afrontar las dificultades y los infortunios con una actitud consecuente y proporcionada. No se puede obviar que un mal sea de la índole que sea, convierta en perversa a la cosa a la que sobreviene, de tal modo que acaba por disolverla y destruirla. Los lamentos y quejas ante los sucesos acaecidos no son más que la repetición sistemática de los esquemas a modo de una representación teatral donde unas veces el hombre es el espectador y otras el actor.

IX

La utilización del lenguaje y su poder dominador hace que para una misma acción, dos personas la interpreten de forma distinta. Hay que crear una forma específica que valiéndose como paradigma distinga con nitidez el lenguaje correcto del incorrecto. La cuestión estriba en que para llegar al lenguaje correcto partimos del lenguaje ordinario y este está fuertemente imbuido de la moral. ¿Habría que abrazar la ética en detrimento de la moral como una primera aproximación al lenguaje correcto? Una ética de la inteligencia donde los conceptos incluyan un carácter general para explicar términos como justicia o moderación. En contraposición a la moral, que por su carácter cambiante basado en los sentidos y la opinión se circunscribe a instancias particulares. En definitiva, vivir bajo el paraguas de una ética de la realidad; ella camina cancelando supuestos.

¿Se puede poner en práctica algo tal y como se dice? ¿Es la praxis la que alcanza la verdad antes que las palabras? Espinoso tema y ardua tarea donde los supuestos son principios que hay que estudiar mediante un pensamiento discursivo, punto intermedio entre la opinión —del orden de los sentidos— y la inteligencia —del orden de la razón— donde la conjetura es un instrumento de imprecisión necesario en todo el desarrollo.

El lector avezado me dirá: trabajo y más trabajo. Pero trabajar con justicia o parafraseando a Hesíodo "sé justo para que el trabajo sea provechoso". Los conceptos de trabajo y justicia unidos tienen dos interpretaciones: entrar en competitividad con los demás y trabajar mejor que ellos o no entrar en competitividad con los demás y apropiarse del fruto de ese trabajo. Hesíodo entendía que "sólo porque los hombres ignoran su porvenir, pueden soportar el peso del trabajo y todas las calamidades que la vida les reserva". En parte es cierto. Lo que no cabe duda es que si ese sujeto tiene la concepción histórica de la humanidad como base fundamental de su pensamiento posee un punto de partida excelente para afrontar las vicisitudes que acarrea la vida. Vida cuya felicidad está en el camino del trabajo, es más, en enlazar trabajo con trabajo fundamento y salvaguarda de todo orden tanto social como individual, todo ello, con circunspección y moderación como mejores atributos.

A menudo el trabajo versus competitividad está unido a los vocablos fuerza y a lo justo e injusto como método social de convivencia. En el espíritu humanista del hombre no cabe el emparejamiento fuerza-justicia. Es del orden de la barbarie, en su relación con el trabajo donde lo denigrante no es trabajar sino no hacer nada. Traigo a colación una enseñanza que nos dejó en forma de pequeño relato Hesíodo: "El gavilán hace presa sobre el ruiseñor y proclama la razón del más fuerte. Dice aquel que tiene razón de hacerlo, usando un lenguaje injurioso dominado por la soberbia. Lo justo es todo lo contrario. El gavilán no tiene derecho a hablar de esa forma al ruiseñor; tiene sí, la necesaria fuerza para dirigirse en semejante tono". Para ser justos verdaderamente, hay que trabajar. Aquel que no lo hace por pereza, vaguedad o indolencia está cometiendo una injusticia. Y es un mal, además de injusto beneficiarse del trabajo de los demás amparados en la "justicia". Hombre trabajador es aquel que, reflexionando siempre sobre sí mismo, la idea la convierte en acción pensando siempre que va a ser lo mejor para él. El verdadero trabajo es darse cuenta de que iniciar cualquier proyecto es el lugar donde todo está por hacer y después de él, todo puede ser posible. Asumir esto, para el hombre es revolucionar el pensamiento del trabajo y de la construcción social histórica.

¡Habla, conversa, ten el coraje de discrepar y de dar la razón —dice la Filosofía— para que te conozca!

¡Vivan en ti los sabios en sus enseñanzas y escritos ya eternos para que iluminen el camino venidero! Llenar el alma de verdades para que el entendimiento enderece la ciega voluntad. Cambiar un necio por un diálogo con Platón, un pusilánime por una conversación con Gracián, un bobo por la socarronería de Quevedo; porque siendo el hombre de condición racional se empeña en hacer de ella apetito animal. Por ejemplo: empieza por envidiar lo que no conoce, la opinión de otros, el chisme social, la apariencia en estado puro sin saber en qué para. Cuando lo que parece, nunca es lo que es, y, en muchas ocasiones lo contrario. El hombre dice conocer por lo que parece en vez de examinar lo que cada uno es. Así, no distingue las virtudes verdaderas de las falsas virtudes. Para vivir la vida hay que mirar el mundo justo por donde no lo hace la gran mayoría; al contrario de los demás, es decir, entendiendo las cosas al reverso de cómo se muestran. Ah! Vil envidia que ve bien y mira mal.¡ Aquella que maneja cintas de seda con las que ata las manos a la virtud y suelta las del vicio! ¡Aliada de la ambición constructora de todas las discordias! Mejor tomar conciencia de la vida con desengaño; para ello hay que haber sufrido antes el engaño. Se preguntaba el gran escritor Baltasar Gracián "¿cuál puede ser una vida que comienza entre los gritos de la madre que la da y los lloros del hijo que la recibe? Por lo menos, ya que le faltó el conocimiento, no el presagio de sus males, si no, los concibe, los adivina". Omnia mea mecum porto (todo lo mío llevo conmigo).

X

El entendimiento versus pensamiento razonado aleja toda oscuridad del concepto y toda marca del afecto. Por eso cuesta menos ser tenido por sabio, justo o bondadoso, que serlo. Basiliscos pagados de los principios fáciles, ignorantes presuntuosos que hablan más de las cosas cuanto menos las entienden. Todo aire que viene a dar en tierra. Pensamiento embalsamado atendiendo exclusivamente al orden de las palabras y a la catalogación de fechas y tiempos, olvidándose del alma de la historia. Cuando se falla en los principios se falsean los sucesos y sus consecuencias. Importante resulta
—en el caso de la envidia— acudir al principio de sustitución y hacerlo por el de la emulación —del orden del aprendizaje— y, por consiguiente, del crecimiento, donde hacer lo que se debe y no deber lo que se hace. Burlarnos al estilo del Dios Momo de esa escuela de maldad con marchamo de pestilencia, cátedra de la falsedad y la calumnia, plaza pública del mundo en el que hay que desenvolverse y vivir, donde aun viendo todos salir el mismo Sol, cada uno tiene diversidad de pareceres. Esto sí es vivir en el engaño —de muchos— donde nunca conocen la verdad para sí mismos sino para los otros. En las cosas ajenas, unos linces, en las propias avestruces. No hay bebida más dulce y exquisita que la mentira y más amarga que la verdad; dulce para la boca y amarga para el oído. En ese desengaño del engaño "son tontos todos los que lo parecen y la mitad de los que no lo parecen", gracias Gracián por este rayo de luz tan esclarecedor.

Estudiar la materia de la intención —voluntad— no sólo en el otro fuera de mí sino en mi Yo y en mi Otro de mí, es de las más dificultosas: supone empezar a andar por el tortuoso camino de la confusión, puerta de la discordia entre la Verdad y la Mentira. Hay que vestirse el traje de zahorí y viajar con un pensamiento estoico. Conocer que el sufrimiento forma parte del saber vivir; afrontar las situaciones para no huir de un inconveniente y tropezar con muchos y mayores; llevar como equipaje el amor y el trabajo para mantener a raya al odio, primogénito de la Verdad. Usar de las matemáticas para aprender que dos afirmaciones niegan, así como dos negaciones afirman, esperando más de un no que de un doblado sí. Sin ostentación alguna, inútil gritar a quien tiene tapados los oídos y buen ánimo en todo momento que todas las cosas vuelven a tener su día.

El hombre siente miedo, vacío, vértigo de lo que le rodea, de las situaciones que vive y a las que está expuesto. Se espanta de lo que ve, oye, hacen otros. Verdaderamente de lo que siente miedo, vacío, vértigo, de lo que se espanta es de sí mismo. De cada instante, de cada hora que camina sobre el delgado hilo de su vida donde el sueño es considerado como un ensayo de la muerte o un olvido de ella, en vez de pensar que es un ensayo de la vida o la mueca de un deseo.

Y todo esto para alcanzar una cima, una determinada atalaya: La vida de todo escritor nada tiene que ver con su escritura, con la vida vivida a través de sus escritos. Tratar de que el escritor viva conforme a su obra escrita es una cuestión de índole metafísica de difícil resolución. Por momentos una locura inalcanzable, que no es poco, porque le da un marchamo de salud mental. Sólo cabe pensar que cuando el escritor escribe, suspende su vida para dedicarse al mundo, al Hombre, con mayúsculas recubierto de una aureola de inmortalidad: la cadena de sus ecos sigue poblando el infinito. Ecos cuya heredad es la sangre mientras que la virtud se adquiere; la virtud tiene valor por sí sola lo que la sangre no consigue.

EPÍLOGO

Un libro después de cerrado y aún, se esconde entre los pliegues del alma y si es bueno, la convulsiona cuando mejor le viene sin que se pueda evitar. Mi designio interesado es que este ensayo está escrito para la enmienda y la imaginación del lector que lo tiene ahora entre sus manos. Me he limitado pues, a aprovechar el estudio y el conocimiento y a compartirlo con usted con un estilo un tanto desordenado —abierto a la crítica— y una pluma sazonada de curiosidad.

Se me podrá tildar de Quijote —en mí resulta ser una lisonja— porque he intentado imprimir un carácter —a modo de cóctel— entre idealismo y realidad, todo ello, aderezado con unas gotas de verdad; aglutinante necesario de toda creación escrita. Aunque si de verdad se trata, la ironía y el escepticismo forman y conforman la personalidad de este texto. Como signo de creatividad —yo diría que de originalidad— la argumentación se ha basado en poner de manifiesto la vida cotidiana del hombre: de dónde viene, adónde va, lo que piensa, lo que no quiere ni pensar, sus miedos, sus fortalezas, en definitiva su propia e irrenunciable naturaleza. Siempre a la búsqueda incesante del siguiente pensamiento, idea, como elemento transformador de lo hasta aquí pensado y que permita tener una imagen más noble, más amable del hombre. Como muy bien dejó escrito Gustavo Adolfo Bécquer "entre el mundo de la idea y el de la forma existe un abismo que sólo puede salvar la palabra" y, a veces, esa palabra se niega a secundar ese esfuerzo.

Así pues, querido lector, no sólo espero sino también deseo que haya disfrutado de este ensayo abierto, desnudo de pre-juicios, portador de controversias; confieso sin paliativos que desde mi atalaya allende en los confines de las profundidades del alma, mientras él me iba haciendo como escritor traté de ir haciéndole a usted como lector.

"El grandísimo riesgo a que se pone el que imprime un libro, siendo de toda imposibilidad imposible componerle tal que satisfaga y contente a todos los que le leyeren" —Miguel de Cervantes—.

ANEXO:

CÓMO PIENSA LA MUJER

INTRODUCCIÓN

Arduo desafío. Yo diría que osado: un hombre intentando conocer cómo piensa la Mujer. No se irrite ningún lector masculino al recibir este intento como una concesión de algo que, en muchas ocasiones, se nos ha negado como un derecho.

Tratar de entender a la Mujer sin alcanzar su nivel de pensamiento, de sentimientos bajo la óptica de la imposibilidad que existe en todo ser humano de verse viviendo a sí mismo, extrañado de él, es decir, sujeto que los demás pueden ver y conocer cada uno a su manera pero el propio interesado no. El hombre ha creado los dioses a su imagen y semejanza y así también a la Mujer, donde el goce de su consecución atiza el apetito de lo que no posee: la Mujer.

Para escribir de la Mujer hay que estar lleno de sensibilidad y no de sensiblerías. Doy gracias al Amor porque una vez libre de él, estoy en condiciones de escribir de la Mujer y de intentar algo con qué agradarla.

La lectura del presente ensayo es una lectura de un pensamiento que conduce a otro sin más objetivo que ir dejando un rastro de reflexión que invite a la conversación entre hombre y mujer... o al menos que esboce una sonrisa donde hay un silencio.

Un conocerse a sí mismo que no es solo autoconocimiento, sino constatar lo mejor que hay de cada uno en su interior. Y todavía no está completo ese conocimiento: existen las condiciones que determinan a cada sujeto y que están fuera de él. Imprescindible resulta por tanto, conocer las intenciones que a cada persona le mueven en su comportamiento con el otro fuera de él. Por eso que resulta tan compleja la relación hombre-mujer.

Cómo piensa la mujer

I

Lo que al hombre le vuelve loco es darse cuenta que la mujer es en realidad una con él, otra con otro, otra con un tercero y así sucesivamente... pero esta locura no es la mujer en sí; es un pretexto de la voluntad perezosa para no ver la verdad: eso también le pasa a él.

La mujer amante estrecha entre sus brazos la realidad de uno que es otro: ESO ES ENTENDER EL PENSAMIENTO DE LA MUJER.

Y cuando el hombre quiere romper esa situación imponiendo su realidad, es decir, esa mujer así, que no es su amante sino la de aquel otro que ella tiene idealizado; ella se encuentra de repente, presa del pánico en los brazos de un extraño. Y no lo quiere y no puede estar a su lado... y se va.

Por eso que la relación hombre-mujer hoy por hoy, resulta ser un imposible. Cada uno piensa el amor como él lo quiere, lo cual, no es posible, habida cuenta que por más esfuerzos que haga cada parte en hacer comprender a la otra que la ama a su manera, esta manera es la de cada uno y choca frontalmente con lo de que el amor piensa cada parte.

El Amor va de lo abstracto a lo concreto. Se enamora de la mujer/hombre y luego particulariza en cada ocasión. Se forja en la realidad que observa; es del orden platónico. Diferente del comportamiento del enamoramiento que es un estado donde queda suspendido cualquier atisbo de realidad.

El genial poeta César Pavese definió las relaciones con las mujeres "no como la conquista de una mujer deseada por todos, sino como el descubrimiento de una preciosa mujer en un ser ignorado". Todo vemos pero pocos miran.

A la mujer no se la puede entender ni poco ni mucho... traigo a colación una cita del genial escritor Lope de Vega "Pues tan cuerdo eres, advierte que las mujeres hablamos cuando callamos, concedemos si negamos: por esto, y por lo que ves, nunca crédito nos des, ni crueles ni amorosas; porque todas nuestras cosas se han de entender al revés"... a la mujer sólo se la puede amar.

¿Por qué hay más poetas que poetisas? ¿Será que el hombre sabe lo que es el amor y la mujer lo utiliza? En el amor renovar cada día su entrega.

¡Cualquier mujer pagaría lo que fuese para estar unida toda la vida con ese hombre!

Ella le dice a él:

—Dime mi amor que me amas. Júrame que ese amor no es tan solo deseo. Él le contesta:

—Te lo juro mi vida.

Aunque él sabe en su interior que la engaña. Sólo desea ser deseado porque ya se siente amado por ella. Y se dice a sí mismo:

—Me dejo atrapar por juramentos pronunciados únicamente por mis labios y que traiciono nada más salidos de ellos.

No hay nada más detestable que ser prisionero de los propios pensamientos. La verdad no ha de ser muda. Debe de saber manejar los silencios.

¡Los errores manifiestos sirven de indicadores de lo que hay debajo! La Mujer, belleza de la Naturaleza donde el hombre no desea poseerla. Desea poseerla sólo para él. Un imposible en la realidad.

En ocasiones, me acerco a la orilla del pensamiento femenino: dejarse llevar, no saber qué va a ocurrir —creatividad— donde ella es una construcción y su sonrisa, el aglutinante necesario para su consecución.

II

La delicadeza, el recato hacen de la mujer un arte del disimulo. Un esconder ese pálpito amoroso en el que arden. Como un juego excitante en el cual, cuanto más vivo, más lo esconden. Y esto, la mujer lo sabe bien.

Ella infunde respeto, miedo en su naturaleza —más natural que el hombre—, astucia en sus conquistas —garra de tigre que esconde bajo un guante de seda—, cierta ingenuidad en su egoísmo, resistencia a dejarse educar sin más, cambiante en sus apetencias, hace gala de su carácter inaprensible, características todas, inalcanzables para el hombre.

Mujer inteligente:
—La que encuentra placer en forjar quimeras.
—La que posee habilidad para guardar las apariencias.
—La que escucha la razón y huye de un amor que la razón misma fulmina.

Paradojas:
—Hay algunos hombres que se entregan a una mujer porque la odian.
—Hay ocasiones en que la mujer no contesta a lo que se le pregunta, sino a lo que ella cree que se le iba a preguntar.
—Si estás con una mujer que te traiciona y después sonríe y sigue amándote hay que saber perdonarla.

¿Qué mujer se entrega a algo o a alguien sin previamente no haberlo calculado? De ahí el despecho hacia el hombre amado cuando sus cálculos fallan; y no hay nada peor para el género masculino que una fémina despechada. ¡Keep smiling!

¿Y qué es el desengaño? Darse cuenta que emprendimos y realizamos algo con inusitado ímpetu amoroso, aderezado de una pasión desbordada.

Moraleja: sólo se obtiene lo que se solicita con distancia, frialdad, indiferencia, como si no interesara.

¿Estaré escribiendo una vez más de la Mujer?

¿Y qué pensara ella de eso que escribo?

Hay cosas que ellas saben desde que vienen al mundo. Y ni siquiera saben que lo saben. Cosas que a los hombres les lleva toda la vida tratar de comprender... y aún más.

III

Ella que es la Poesía, de la Mujer dice:

TODAS LAS MUJERES QUE ALGUNA VEZ LLEVARON TU NOMBRE

Dulces sonrisas coronan su boca
entre infinitos pétalos de blancas miradas.
Manos que interrogan el corazón
que ha recorrido la sombra de su alma, de su vida,
de sus cantos y sollozos,
de esas lágrimas como perlas, escurriéndose por las rendijas de la puerta.
Sí mujer,
mujer de encendidos labios de rosas de arrebol, de suaves ojos de lujuria
expresan deseos con cuerpo de palabra
entregados a temblorosos pensamientos,
dibujados sobre papel de incertidumbres olvidadas.
Mujer vestida de inocencia,
engalanada de sutiles aromas de primavera. Mujer vehemente, comprometida,
como el río con su cauce
en busca de azules océanos de libertad... Mujer guerrera que baila la victoria
y también la derrota
que mira a la muerte entre sábanas de pasión.
Mujer sembrada entre mil versos de amor.
Sí. Mujeres todas que alguna vez llevaron tu nombre.
Amor: Alma que desborda el recipiente que contiene el perfume. Océano de voluptuosidad indefinible.
El Amor es el abrazo de las diferencias.
Lo que puede la Poesía. Esa mujer sin celos capaz de contar la historia. Y también ese hombre.

Escritura lenta, templada, suave, que se desliza entre los versos, alejada de la escritura obsesiva esa que es como pensar día y noche en una mujer: esta termina repugnando a su amado por la sencilla razón de que ella no piensa en él todo el día.

Escribir resulta ser complejo; supone suspender la vida para entregarse al género humano. Y ahí, ella, la mujer, se pone celosa.

¡Qué difícil buscar ese equilibrio inestable que haga posible una vida en paralelo sobre el mismo camino!

IV

Una mujer tiene que saber despertar el deseo en el hombre. Tiene que saber seducirlo. La cuestión es que lo sabe y le produce terror sólo pensar que se le conozca ese talento.

Un físico de mujer espectacular, bello, es contemplado por los hombres con deseo y por las mujeres con envidia mal disimulada.

En clave sexual, el deseo del hombre lleva en sí mismo su fin; es un simple medio para el goce femenino. Los jadeos, los gritos, los balbuceos que la copulación producen en la mujer, todos esos mensajes no son para él ni para nadie, aunque sea el macho el que los provoque...

¿Qué haría ella ante pensamientos tan indiscutibles y ofensivos? Sonreiría lenta y tolerantemente y no discutiría. ¡Qué astuta!

Y en esa situación ¿tú qué harías, hombre de conocimiento?

¿La despedirías? ¿Por virtud o por cobardía?

¿O simplemente tomarías una actitud sonriente y la invitarías a cenar con femenina complacencia?

Alcanzar ese nivel de excelencia es darse cuenta que una moneda tiene dos caras, quiero decir, que todo sujeto humano no es uno, uniforme, la ambivalencia preside su vida.

A vueltas con lo sexual, si del acto sexual se trata, ella piensa que la cosa no cuenta (a veces también y de manera subliminal se lo manifiesta al hombre). Pensamiento que en él produce escalofrío, celos, desconfianza... Pero si ese hombre afirmara que por todas esas razones y algunas más habría que realizar el coito, al menos una vez a la semana, ella respondería "mi amor, eres vulgar y obsceno".

Y como mienten, mienten y mienten hasta la

extenuación. La mentira recorre toda su epidermis, y todos sus órganos corporales, hasta los genitales. Porque la mujer piensa y piensa y en muchas ocasiones, nada tiene que ver con nada, y todo lo cambia, es voluble y lo que hoy tiene valor y significado, mañana lo pierde. Y además mantiene una conversación mientras piensa en varias cosas. ¡Qué lío! ¡Adivino una ligera sonrisa en sus labios, querida lectora!

Y el hombre todo esto no lo entiende. Ni comprende el final ni los extraños vericuetos del trayecto.

En este estado de cosas ¿cómo conocer cuándo una mujer ha gozado?

¡Qué lío!

"Perla, violeta, delirio del placer, símbolo de hermosura y del amor, esmeralda de los ojos, luz de diamante,
armonía de una noche de verano,
esencia de un lirio salvaje"
definiciones todas precisas, adjetivos que mejor califican a la Mujer gracias a la magistral pluma de Gustavo Adolfo Bécquer.

También hay mujeres que ven pasar la vida entre una sucesión de fantásticas quimeras que no las permiten ni ser felices ni ser desgraciadas. Criaturas enloquecidas sólo preocupadas por la dictadura de lo efímero, espejismo ilusorio de la vida. Nadir de toda existencia.

V

En la juventud me enamoraban, me dolían las mujeres. En la madurez me enamora, me duele, la Mujer.

Lo que no entiende ni el hombre ni la mujer es que la persona, individuo como tal es una ficción. "No es individuo sino dividuo, es persona dividida" en palabras del genial poeta Miguel Oscar Menassa. Un hombre es masculino y femenino y la mujer de igual modo. Una ruptura que rompe el pensamiento de la uniformidad, de una completud inexistente. Otra dificultad en el camino que para resolverla solo cabe cambiar de registro.

Una desviación del pensamiento es pensar que una mujer no engaña. Un hombre sano piensa lo contrario. Sencillo de explicar: la mujer que engaña a otro para estar con un hombre le engañará para ir con otro. Hay que tener siempre presente que todo lo que haga una mujer para favorecer a un hombre, lo hará con otro en lugar de él. Si esto se convierte en un mito es que ya se está muerto. Estoy hablando de las relaciones sociales.

¡Y no me mire a través de estas líneas que he escrito de esa manera querido lector-hombre! Al hombre le pasa exactamente igual y no vaya a decirme que eso, a usted, no le pasa. Verdad negada, verdad confesada.

Y él le preguntó con tono grosero:

—¿Cuándo vas a dejar de llevarte a la cama a la gente para hacer amistades? De esa manera solo haces desgraciados.

Ella se levantó, se vistió y sin volver la vista atrás, le contestó:

—Entonces no volveremos a vernos.

Ridículo pensar que la relación con una persona no vaya a cambiar nunca. En cada nuevo encuentro, cada uno es distinto.

Y que toda relación está presidida por los celos, imposible de borrar, pero sí de manejar cuando abandonamos la senda del engaño para ingresar en el camino del desengaño. Dicho de otro modo, beber de la realidad la verdad producida en cada momento.

—Querido, a él le tengo cariño, le quiero, a ti te amo. Necesito que entiendas esta cuestión para no tener que odiarte.

¡Entre el sí y el no de una mujer no cabe la punta de un alfiler!

Porque ¿qué tiene que ver mi amado con mi amor? Estar enamorada no considera al objeto amado. Es un intercambio de gestos y palabras (simbolismos) que uno esgrime desde dentro y que, por analogía, supone en el otro; normalmente los contenidos no encajan, ni siquiera acercan posiciones. Hay que poseer la maestría del saber aceptar e interpretar favorablemente ese simbolismo y disponerlo para la propia vida. Sólo así podremos pensar al otro.

PENSAMIENTOS DE HOMBRE

Camino por sueños errantes
imaginando que me amas como yo deseo, tus manos de seda
acarician mis muslos rosados, mi cuerpo se estremece
cuando tu pecho palpita a mi lado.
Es como un estallido de vida, mi corazón se ríe,
me tiembla la voz en tu respiración eres mío, mío...
es la locura del goce.
Cuando mis ojos contemplan tu alma,
la venganza del placer aparece entre las sombras de la madrugada. Te odio,
me arranco el corazón de mujer enamorada,
vendo en el mercado del amor la cuerda con la que luego

quiero ahorcar tus risas de hombre entregado.

Al caer el día
por la comisura de mis labios
corren fuentes inundadas de llantos, papel mojado,
tinta derramada, palabras abandonadas por el destino.
Y sólo me quedan lágrimas que llorar que no sirven siquiera
para regar huertos marchitos.
Donde en los bordes de la desesperación vida y muerte se entrelazan,
deshago mil nudos en el estómago
y mis labios susurrantes
cantan una melodía de seducción: Te amo, te amo, te amo.

VI

Beso: la sugerencia de un contacto esperado, incierto, inevitable, evocador de una huella certera en la nostalgia, paso lento y templado...bondad de la mujer más efímera que su hermosura, sugerencia de toda ponderación.

—Querido, cuanto más nerviosos estemos, más pronto aparecerán los motivos que a uno y otro nos separan y que negaremos con rotundidad. Es el castigo de la insinceridad interior.

Ante esto: Paso lento y templado, observancia de esas múltiples rendijas a través de las cuales, una mirada penetrante descubre el alma propio y el del prójimo. El premio de la sinceridad interior.

Él con gran alegría le dice a ella:

—Cariño, me siento feliz porque he descubierto la entrada a tu alma. No tiene puerta ni tapia ni valla. Y me quedo ahí, en la linde justa de tu alma. Mientras tú miras a lo lejos; clavas la mirada en el horizonte, en el puro acto de tu deseo, yo te amo. Beso esos labios que me ofreces y olvido besando tus más profundos secretos. Confieso que me siento un hombre que ha aprendido a amar a una mujer.

PARA EL ALMA DE MI AMADO

Temblando detrás de la cortina te nombro en silencio.
Me acosa una soledad llena de nostalgias...
Mi cuerpo se estremece al borde de mi cama,
donde tantas veces soñamos juntos, vivimos juntos,
un vértigo oceánico
un abrir y cerrar el Paraíso.

Pienso qué delirio

produjo esas puestas de sol, y esos amaneceres a tu lado,
y recuerdo el brillo de tus ojos, mirándote.
Sin angustia y sin miedo, dócilmente, empiezo como otras noches a necesitarte, a sentir que mis brazos no están vacíos, que mis ojos tienen qué mirar, que mi cuerpo se compone de euforia, y que mis labios besan los tuyos allá donde estés.
Tú sabes cómo te pienso, cómo te enumero, en esta piel no mía sino tuya,
que enciende una y otra vez,
una lumbre inapagable.
Amado, ni los pretextos ni el tiempo, podrán desahuciar mi amor,
deseo que me quieras sin preguntas,
deseo quererte sin respuestas.
¿Qué cómo piensa la Mujer?
Me alcanza con saber que a la Mujer sólo se la puede amar.

- Los poemas incluidos en el presente ensayo son de producción propia.

- Los que llevan por título "Todas las mujeres que alguna vez llevaron tu nombre" y "Pensamientos de hombre" están publicados en el libro titulado "Labios del Tiempo", Editorial Grupo Cero, colección Poesía 2001. Año de publicación: 2008.

BIBLIOGRAFÍA

Bécquer, Gustavo A.: Leyendas y narraciones. Carroggio Ediciones, 1982.
Cernuda, Luis: Antología Poética. Editorial Plaza y Janés, 1978.
Cervantes, Miguel: El ingenioso hidalgo Don Quijote de la Mancha. Ediciones Nauta, 1989.
Cicerón: Vidas paralelas. Editorial Libra, 1971.
De Vega, Lope: Lope de Vega. Ayuntamiento de Madrid, 1935.
Lope de Vega. Ediciones Júcar, 1984.
Freud, Sigmund: Obras completas tomo III. Editorial Biblioteca Nueva, 1987.
Gracián, Baltasar: El criticón. Espasa-Calpe, VIII Edición, 1975.
Hesíodo: Los trabajos y los días. Editorial Iberia, 1980.
Machado, Antonio: Campos de Castilla y otros poemas.
Diario el País S.L. 2005.
Maquiavelo, Nicolás: El Príncipe. Editorial Planeta, 1983.
Menassa, Miguel Oscar: Freud y Lacan —hablados 1—. Editorial Grupo Cero, 2ª Edición 1998.
Neruda, Pablo: Confieso que he vivido. Memorias. Editorial Seix Barral, 1974.
Nietzsche, Friedrich: Más allá del bien y del mal. Edimat Libros, 2011.
Ortega y Gasset, José: La rebelión de las masas. Revista de Occidente, 5ª edición.
Pavese, Cesare: El oficio de vivir.
Diario el País S.L. 2003.
Platón: Apología de Sócrates/Critón/Carta VII. Editorial Espasa Calpe, 23ª Edición, 2008.
Platón: Diálogos IV. Biblioteca grandes pensadores.

Editorial Gredos, 2003.
Plutarco: Vidas paralelas. Editorial Libra, 1971.
Quevedo, Francisco: Los sueños. Espasa-Calpe, VIII Edición, 1978.
Schopenhauer, Arthur: El fundamento de la moral. Editorial Aguilar, Reimpresión de 1970.
Shakespeare, William: Macbeth. Edimat libros, 2010.
Hamlet. Biblioteca Salvat, 1969.
Unamuno, Miguel: La agonía del cristianismo. Espasa-Calpe, V Edición, 1975.
Unamuno, Miguel: Contra esto y aquello. Espasa-Calpe, V Edición, 1963.

ÍNDICE

PRÓLOGO 7
EL ARTE DE VIVIR 13
INTRODUCIÓN 15
  El arte de vivir 20
    I 20
    II 30
    III 35
    IV 39
ATALAYA DE LA ARGUMENTACIÓN 45
INTRODUCCIÓN 47
  Atalaya de la argumentación 49
    I 49
    II 52
    III 56
    IV 60
    V 64
    VI 69
    VII 72
    VIII 75
    IX 79
    X 82
EPÍLOGO 85
ANEXO: CÓMO PIENSA LA MUJER 87
INTRODUCCIÓN 89
  Cómo piensa la mujer 91
    I 91
    II 93
    III 95
    IV 97
    V 99
    VI 102
BIBLIOGRAFÍA 106

www.ingramcontent.com/pod-product-compliance
Lightning Source LLC
Chambersburg PA
CBHW020443220526
45464CB00002B/837